Maxim Leo & Jochen Gutsch
Du bleibst mein Sieger, Tiger

Über das Buch

Die Alterspubertät ist eine schwierige, verwirrende Zeit. Aber doch nur eine Phase. Und, wie wir wissen, zum Glück bald vorbei! Tja, leider nicht. Die Wahrheit ist, alles wird erst mal noch ein bisschen schlimmer. Denn jetzt beginnt Phase zwei: die fortgeschrittene Alterspubertät.

Weibliche Alterspubertiere wollen plötzlich, dass man sich als Paar noch mal »neu entdeckt«. Beim Tango. Oder beim Tantra. Sie werden Vegetarier oder Veganer oder besuchen einen Wildkräuter-Workshop. Männliche Alterspubertiere sind vor Neid zerfressen auf die kraftstrotzenden Teenagerfreunde ihrer Teenagertöchter, versinken knietief in Nostalgie, fahren zur Haartransplantation nach Osteuropa oder neigen plötzlich zur Alters-Hypochondrie. Klingt scheußlich? Unbedingt! Aber das Tröstliche ist ja: Umso heftiger sich fortgeschrittene Alterspubertiere gegen das Alter wehren – desto lustiger wird es.

Über die Autoren

Maxim Leo ist Kolumnist der *Berliner Zeitung*. Er erhielt den Theodor-Wolff-Preis. Für seine Familiengeschichte *Haltet euer Herz bereit* wurde er mit dem Europäischen Buchpreis ausgezeichnet. 2019 erschien *Wo wir zu Hause sind. Die Geschichte meiner verschwundenen Familie*. Er schreibt Tatort-Drehbücher und eine Krimireihe.

Jochen Gutsch ist Reporter beim *Spiegel* und Kolumnist der *Berliner Zeitung*. Er erhielt den Theodor-Wolff-Preis und den Henri-Nannen-Preis. Zusammen mit Maxim Leo verfasste er die Bestseller *Sprechende Männer* (2011) und *Es ist nur eine Phase, Hase* (2018).

Maxim Leo & Jochen Gutsch

Du bleibst mein Sieger, Tiger

Noch mehr Trost für Alterspubertierende

Ullstein

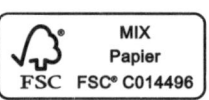

Ullstein ist ein Verlag der Ullstein Buchverlage GmbH

ISBN 978-3-550-20026-7

Umschlagabbildung: Michael Sowa
Umschlaggestaltung: Sabine Wimmer, Berlin
Mit Illustrationen von Wolf Leo
Gesetzt aus der Quadraat bei LVD GmbH, Berlin
Druck und Bindung: GGP Media GmbH, Pößneck

Inhalt

Noch Salzstangen, Schatz?

An manchen Tagen komme ich nach Hause und sehe diese Schuhe vor dem Zimmer meiner Tochter stehen, das offiziell noch immer »Kinderzimmer« heißt. Es sind ausgelatschte, wenig gepflegte Turnschuhe, was nicht für die Reinlichkeit ihres Besitzers spricht. Wirklich erschrocken bin ich aber jedes Mal über die Größe der Schuhe – als würden zwei Mischbrote im Flur liegen. Oder zwei kleine Paddelboote. Welches Wesen hat solche Füße?

Das Wesen heißt Björn und ist der erste Freund meiner Tochter. Allein diesen Satz hinzuschreiben, bereitet mir großes Unbehagen. Wozu braucht meine Tochter einen Freund? Sie ist 18, ein Kind also, das vor Kurzem noch vollgeschissene Windeln trug und kaum mehr sagen konnte als: Kakakaka.

Eine Zeit lang war es mir gelungen, die vor Aufregung stotternden, Testosteron ausdünstenden, jungen Männer, die vor unserer Wohnung standen und nach meiner Tochter verlangten, mit einschüchternder Körpersprache oder Bargeld davon zu überzeugen, hier NIE WIEDER aufzutauchen. Björn, das muss ich ihm lassen, ließ sich davon nicht abschrecken. Er ist mir gegenüber sehr höflich, was ich anbiedernd und unterwürfig finde. Der Junge hat einen Charakter wie ein Wurm. Wäre Björn nicht höflich, würde ich ihn selbstverständlich für schlecht erzogen halten. »Heißt du eigentlich Björn nach Björn Borg, dem Tennisspieler? Oder nach Björn von ABBA?«, habe ich ihn mal gefragt.

Aber er hat mich nur angeglotzt und gestottert: »Was? Wer?« Er scheint mir vollkommen ungebildet zu sein.

Meine Tochter fragte ich: Ist Björn gut in der Schule? Hat er einen Studienplatz? Politologie! Großer Gott, wollt ihr später verarmt in einer Sozialwohnung leben! Geht er wenigstens nach Harvard? Uni Bochum! Vergiss ihn, er ist ein Loser!

Leider hat sie ihn nicht vergessen. Mehrmals in der Woche stehen die Paddelboote vor der verschlossenen Kinderzimmertür. Ich gehe dann mit donnernden Schritten oder laut pfeifend daran vorbei, um zu signalisieren: *Daddy is watching you*, Riesenfuß-Björn! Manchmal bin ich kurz davor, an die Tür zu klopfen und zu rufen: »Kinder, wollt ihr Kakao und Kekse?«

Natürlich darf man auch nicht durchdrehen. »Wahrscheinlich ist alles völlig harmlos«, sagte ich zu meiner Frau. »Sie sitzen da drinnen und machen Hausaufgaben.«

Meine Frau nickte. »Hausaufgaben? Ja, so könnte man es nennen.«

Weil mir die Sache keine Ruhe ließ, sprach ich meine Tochter an: »Du und dieser ... Björn. Habt ihr, macht ihr? Du weißt schon?«

»Hä?«

»Also, wenn ihr das macht, diese Sache, Knick-Knack, du weißt schon ... nimm bitte ein Kondom.«

»Papa, wir tun es so oft, ich will nicht immer ein Kondom nehmen. Das stört den Flow. Aber ich nehme ja die Pille, okay?«

Ich hielt mir die Ohren zu und würgte.

Die Situation ist neu, deprimierend, und ich weiß nicht, ob ich mich daran gewöhnen kann. Nichts lässt einen das eigene Alter so sehr spüren wie die Anwesenheit junger Menschen mit frisch erwachtem Sexualtrieb. Manchmal sitzen meine Frau und ich vor dem Fernseher, schauen einen *Tatort* und der erotischste Satz, der an diesem Abend fällt, lautet: »Schatz, kannst du mir mal die Salzstangen reichen?« Während nur ein paar Meter entfernt, im Zimmer *formerly known as* Kinderzimmer, zwei Teenager in einer Hormonexplosion durch das *Kamasutra* reiten.

Und wir? Drehen den Fernseher lauter. »Noch Salzstangen, Schatz?«

In solchen Momenten steigt aus den dunklen Tiefen meiner Seele ein Gefühl empor, für das ich mich schäme, aber das ich nicht abstellen kann: NEID. Blanker, reiner Jugendneid. Niemand spricht gerne darüber, aber ich glaube, Jugendneid ist eine der prägendsten Erfahrungen in der Alterspubertät.

Mehrmals in der Woche verlässt meine Tochter abends das Haus, und wenn ich sie frage, wohin sie geht oder wann sie zurückkommt, zuckt sie mit den Schultern und sagt: »Mal sehen.«

»Mal sehen? Was soll das heißen?«

»Na, was es eben heißt. Keine Ahnung, was heute läuft. Mal sehen.«

Dann schaue ich ihr neidisch hinterher und denke, dass »mal sehen« in meinem Wortschatz überhaupt nicht mehr vorkommt. Gehe ich heute zur Arbeit? Mal sehen. Zahle ich die Rate für den Hauskredit? Mal sehen. Oder bleibe ich einfach im Bett, schaue acht Folgen *Game of Thrones*, rauche Haschisch, bevor meine Frau sich zu mir legt und wir ein bisschen vögeln? Mal sehen! Diese zwei kleinen Worte drücken eine Planlosigkeit, Lässigkeit und Freiheit aus, die nur Jugendliche leben können.

Vor ein paar Tagen lud meine Tochter einige Freunde nach Hause ein. Sie waren allesamt keine zwanzig Jahre alt und von einer körperlichen Attraktivität, die mich sprachlos machte. Und wehmütig. Wobei Wehmut die nostalgische Schwester des Neides ist. Sah ich wirklich auch mal so aus? Mehr Muskeln als Fett? Mehr Haare als Kopfhaut? Bei den Mädchen traute ich mich kaum, meinen Blick unterhalb ihres milchig-zarten Halses wandern zu lassen, schließlich wollte ich nicht wirken wie ein verschwitzter Sugardaddy.

Irgendwann standen wir alle in der Küche, Musik lief. Man beachtete mich kaum, so wie man in einer Diskothek den Klo-Mann nicht beachtet. Und ich dachte: Diese verpickelten jungen Menschen haben keine Berufe, kein Geld, keine eigene Wohnung. Nichts von dem, was ich besitze und wonach alle Erwachsenen streben. Aber sie haben viel Spaß. Und sehr viel Zeit. Und jede Menge Zukunft. Und keine Hämorriden. Warum ist Gott so ungerecht? Warum gibt er der Jugend alles Schöne und Wertvolle und speist uns Ältere mit ein paar Glasmurmeln ab? Gottverdammte Scheiße!

»Papa? Hallo?«, hörte ich meine Tochter sagen.

»Ja?«

»Du führst Selbstgespräche. Brabbelst vor dich hin wie so 'n mauliger Rentner. Komm, mach dich mal nützlich.«

»Was?«

»Red Bull ist fast alle. Und Bier auch.«

Ich wurde losgeschickt zum Spätverkauf. Auf dem Weg durch die Nacht dachte ich: Du wolltest doch immer Kinder haben, damit später DIR jemand das Bier holt. Irgendwas läuft schief in deinem Leben.

Der Spätverkauf war leer, nur ein alter Mann stand draußen an einem Stehtisch, trank Bier und billigen Wodka, beides direkt aus der Flasche. Er trug einen weißen Bademantel, quasi wie Udo Jürgens, nur ohne jeden Glamour. »Na endlich«, sagte der alte Mann. »Willst du Wodka? Oder Bier?«

»'tschuldigung, kennen wir uns?«

»Leider.«

Der Mann starrte mich an. Mit einem irre intensiven, hypnotischen, urknallmäßigen Blick, der Zeit und Raum durcheinanderwirbelte. Und dann fiel es mir ein. »Gott?«

»Darauf kannst du einen lassen!«

Es muss zwei Jahre her sein, da tauchte Gott plötzlich vor

meiner Wohnungstür auf, um mit mir zu reden. Über die Alterspubertät. Und jetzt kam Gott schon wieder zu mir? Wow! Ich fühlte mich ein bisschen besonders. War ich vielleicht der Auserwählte? Der neue Moses?

»Glaub bloß nicht, du bist was Besonderes. Oder der Auserwählte. Du nervst nur wie die Hölle. Also, was ist los?«

»Äh, nichts. Alles prima.«

»Lüg mich nicht an! Ich hab dein Gejammer gehört. Dein ewiges Lamento. Gott ist sooo ungerecht! Gott gibt der Jugend alles und mir gibt er nichts! Mimimimi!«

»Ich leide unter Jugendneid. Ganz akut.«

»Igitt«, sagte Gott und nahm einen großen Schluck Wodka, als müsste er einen besonders üblen Geschmack loswerden.

»Ich finde, das Leben ist völlig falsch organisiert«, sagte ich. »Die Jugend ist sehr kurz, das Alter dagegen sehr lang. Warum ist es nicht andersherum?«

Gott schaute mich an. »Warum? Keine Ahnung. Ich habe die Erde in sechs Tagen gebaut. Mit allem Pipapo. Kaum war der Arsch vom Zebra fertig, stand fünf Minuten später der Mensch auf dem Programm. Da denkt man nicht groß nach. Oder tüftelt ewig rum. Das ist Akkordarbeit. Dazu kommt: Gleich am ersten Tag erfand ich das Marihuana. Und ich sag mal so: Bevor ich den Menschen etwas gebe, probiere ich es natürlich selber gerne aus.«

»Du warst bekifft, als du die Erde schufst?«, fragte ich.

»Zugedröhnt wie zwölf Matrosen.« Gott schüttelte missmutig

den Kopf. »Aber was habt ihr Menschen nur mit der Jugend?«, sagte Gott. »Echt, ich kapier's nicht.«

»Die Jugend ist die beste Zeit im Leben! Ständig erlebt man Dinge zum allerersten Mal. Es gibt keine Routine, kaum Alltag ...«

»Ach, halt die Klappe! Was denn für Routine? Diese jämmerlich kurze Zeit, die ihr Menschen am Leben seid. Mein Leben – DAS ist Routine! Ich führe den verdammten Planeten seit 4,6 Milliarden Jahren. Manchmal ist mir so fad, dass ich denke: Komm, lass irgendwo einen Vulkan ausbrechen. Oder mach 'ne Mondfinsternis.«

»Warst du eigentlich auch mal jung, Gott?«

»Vielleicht. Kann mich nicht erinnern.«

»Ich erinnere mich gern an meine Jugend.«

»Ja, das habe ich befürchtet.«

»Wir waren viel aktiver als die heutige Generation. Wir haben unsere Zeit nicht im Internet vertrödelt oder so. Wir sind ins Theater gegangen, haben uns mit der griechischen Mythologie beschäftigt, *Das Kapital* von Karl Marx gelesen.«

»Für den Arsch, Karl Marx! Du hast mit anderen Pickelbrüdern auf der Parkbank rumgelungert, den Kassettenrekorder im Arm. Den Rest des Tages hast du onaniert. Oder geschlafen. Wobei das eine oft in das andere überging. Weißt du, wie wir dich im Himmel damals genannt haben? Fünf-Finger-Joe!«

Gott lachte. So sehr, dass der Boden vibrierte und für einen Moment die Alarmanlagen der umstehenden Autos ansprangen.

»Aber am scheußlichsten war dein Schlafanzug. Hellblauer Frottee! Mit einem großem Alf-Motiv auf der Brust! Meine Fresse, den hast du auch mit 17 noch getragen. Also erzähl mir nichts von der glorreichen Jugend. Du warst ein eifriger Onanist, der mit einem pelzigen Außerirdischen ins Bett stieg.«

Ich schämte mich sehr. Hatte ich das alles vergessen? Verdrängt? Die ganzen Peinlichkeiten der Adoleszenz? War mein Jugendneid womöglich völlig unbegründet?

Gott griff in seine Bademanteltaschen und holte zwei Zahnputzbecher hervor. Schweigend goss er Wodka ein. Wir tranken auf ex. Dann goss er wieder nach. Ex. So ging es eine ganze Weile.

»Ich mag die Jugend nicht«, sagte Gott.

»Echt?«

»Ich habe den Menschen gut achtzig Lebensjahre geschenkt, aber ihr Trottel seid nur an den paar Jahren Jugend interessiert. Den Rest haltet ihr für optimierbar oder überflüssig. Das ist respektlos. Vielleicht schaffe ich die Jugend wieder ab.«

»Gott, bitte! Du solltest jetzt nichts überstürzen. So aus der Emotion heraus ...«

»Jugendliche sind laut, rechthaberisch und riechen schlecht. Sie wollen ständig die Welt verändern. MEINE Welt, die ICH gebaut habe. Ja, geht's noch?! Ich mag die älteren Menschen. Sie sind angenehm ermattet und werden so schön gottgläubig, sobald es Richtung Tod geht. Die Jugend, die interessiert sich nicht für mich. Außer beim Sex.«

»Beim Sex?«

»Oh, mein Gott! Oh, mein Gott! – Jeden Tag höre ich das Millionen Mal.« Gott sah schrecklich deprimiert aus. »Manchmal vermisse ich das Mittelalter«, sagte er.

»Wegen der Inquisition und der Pest?«

»Auch. Aber vor allem war die Jugend im Mittelalter angenehm kurz. Nur zwei Jahre. Zwischen zehn und zwölf. Wenn man Glück hatte. Damals starben die Menschen ja schon mit dreißig. Dann habe ich leider einen Fehler gemacht.«

»Du bist fehlbar, Gott?«

»Klappe! Ich war barmherzig. Eine Schwäche von mir. Ich dachte: Komm, sei kein Geizhals, leg ein paar Jahre drauf. So wurde das Leben immer länger, nur leider: die Jugend auch. Und jetzt gibt es überall Typen wie dich, die den Hals nicht vollkriegen. Schau dich doch mal an: Du bist fast fünfzig und siehst aus wie ein verkleidetes Kind! Turnschuhe, verwuscheltes Resthaar, zu enge Jeans, und glaubst du, es macht dich irgendwie attraktiver, wenn du dir ständig den Sack rasierst?«

»Woher weißt du, dass ich …?«

»Ich bin Gott!«

»Sorry.«

»Pass auf: Ich will, dass du ein Buch schreibst. Über das Alter.«

»Noch ein Buch? Ich habe doch schon *Es ist nur eine Phase, Hase* …«

»Jammer nicht! Ich musste auch zwei Bücher schreiben, bis meine Botschaft halbwegs verstanden wurde. Das Alte Testament war ein ziemlicher Flop. Also schrieb ich das Neue Testament und – bingo! Bestseller.«

»Und was stellst du dir so vor, inhaltlich?«

»Ein Buch, in dem die mittleren Jahre so kraftvoll, faszinierend, beglückend, berauschend, in jeder Sekunde lebenswert beschrieben werden, dass alle jungen Menschen, die es in die Finger kriegen, rufen: Ich will auch endlich in die Alterspubertät kommen!«

»Das wir dann aber sehr fiktional, Gott.«

»Na und? Waren meine Bücher auch.«

Dann steckte Gott die halb volle Flasche Wodka in seine Bademanteltasche und ging pfeifend die Straße hinunter. Die Melodie erkannte ich sofort. Bob Dylan. »Forever Young«.

Ein gepflegter Herr

Seit ich denken kann (oder kurz danach), benutze ich das gleiche Parfum. Nie habe ich die Wahl geändert, denn das Leben ist auch ohne Parfumfragen schon kompliziert genug. Ich weiß nicht, wie mein Parfum heißt, aber es ist von Armani. Oder Boss? Jedenfalls erkenne ich den Flakon, wenn ich im Laden stehe.

Ungefähr einmal im Jahr muss ich Nachschub kaufen. Also ging ich zu Douglas, schnappte mir mein Parfum, war schon fast an der Kasse, als mich eine Verkäuferin ansprach: »Darf ich Ihnen was empfehlen?«

Sie sah gut aus, auf diese einschüchternde Douglas-Verkäuferinnen-Art. Super frisiert, super geschminkt, super parfümiert. Sofort fühlte ich mich in ihrer Nähe unattraktiv, ungepflegt, ungesund. »Ich habe hier eine Creme für Sie«, sagte die Verkäuferin und hielt mir ein Döschen hin.

»Nein, danke«, sagte ich und wollte schnell weiter. Zur Kasse.

»Was für ein Hauttyp sind Sie?«, fragte die Verkäuferin.

Das brachte mich völlig aus dem Konzept. Welcher Hauttyp bin ich? Null negativ?

Die Verkäuferin trat näher heran, musterte mich. »Sieht nach Mischhaut aus«, sagte sie.

»Richtig, Mischhaut!«, sagte ich.

»Für Mischhaut ist der Force Supreme Youth Architect natürlich perfekt.«

»Wer?«

»Der Youth Architect. Eine Anti-Aging-Creme für Herren.«

Anti-Aging-Creme? Für mich? Das erschien mir doch sehr übertrieben. Geradezu absurd. Sicher, es gibt Tage, da schaue ich morgens in den Spiegel und denke: Berlin, 1945. Aber ich bin eigentlich ein Typ, der jünger wirkt. Das sagen alle.

»Was benutzen Sie im Alltag für Pflegeprodukte?«, fragte die Douglas-Verkäuferin.

Da fühlte ich mich noch schlechter. Bedürftiger. Roch ich streng? Wirkte ich ungewaschen? »Ich benutze ... diverse Pflegeprodukte«, sagte ich.

Die Verkäuferin lächelte. Sie wusste ganz genau, wer hier vor ihr stand: leichte Beute. Vermutlich werden Douglas-Verkäuferinnen speziell geschult, und dann lauern sie gleich am Eingang auf unbedarfte, mittelalte Männer, die in ihrem Leben kaum mehr benutzt haben als Deo-Roller und Rasierwasser aus dem Supermarkt. Männer, die den Unterschied zwischen Eau de Parfum, Eau de Cologne und Eau de Toilette nicht kennen und einen Vaporisateur für etwas halten, das man im Garten gegen Mäuse einsetzt. Kosmetiktrottel, denen man fast alles aufschwatzen kann. Männer wie ich.

»Probieren Sie doch einfach mal«, sagte die Verkäuferin. Mit ihrem elegant manikürten Zeigefinger tupfte sie mir etwas

Creme ins Gesicht. »Der Youth Architect bekämpft alle fünf Anzeichen der Hautalterung. Falten, Feuchtigkeitsverlust, Festigkeitsverlust, fahler Hautton, Verlust der Hautausstrahlung ...«

Fünf Anzeichen, dachte ich. Das klang viel. Und bedrohlich. Wie die sieben Reiter der Apokalypse. Ich nahm schnell noch etwas Creme. Sie roch wirklich gut. Frisch. »Was ist da drin?«

»Plankton«, sagte die Verkäuferin. »Die Alge der Jugendlichkeit.«

Alge der Jugendlichkeit? Ich stellte mir Taucher vor, die an einem geheimen Ort hoch oben im Norden, im Eismeer, 1000 Meter tief, angeführt von ortskundigen Eskimos, die kostbare »Alge der Jugendlichkeit« ernten.

»Das ist die perfekte Tagescreme für den Mann ab fünfzig«, sagte die Verkäuferin.

Fünfzig? Ich bin 48. Wirke ich also doch älter? Verbrauchter? Haben sich die fünf Anzeichen längst eingefräst in meine fahle, welke, altersschwache Mischhaut?

Ich kaufte den Youth Architect. Ein spontaner, angstgetriebener Entschluss. Der Name klang so schön hoffnungsvoll: ein junger Architekt, jemand aus dem Baugewerbe, der tatendurstig die Ärmel hochkrempelt und auch vor Komplettsanierungen nicht zurückschreckt.

Leider war der Youth Architect nicht ganz billig. 75 Euro. Als ich den Preis hörte, zuckte ich zusammen, spürte aber den strengen Beauty-Blick der Douglas-Verkäuferin und wagte keinen Widerspruch.

Ein paar Tage später passierte dann Folgendes: Ich musste wieder zu Douglas. Das Geschäft liegt auf meinem Heimweg, und meine Frau bat mich, ihr eine Lotion mitzubringen. Den Namen schrieb sie in Großbuchstaben auf einen Zettel. Nach kurzer Suche mit dem Mutti-Zettel schnappte ich mir die Lotion und ging zügig Richtung Kasse – direkt in die Arme der mir nun schon bekannten Verkäuferin. Sie sagte: »Darf ich Ihnen was empfehlen?«

Sie hatte ein Cremetöpfchen in der Hand. Der Youth Architect?

»Was für ein Hauttyp sind Sie?«

»Mischhaut!«, sagte ich wie aus der Pistole geschossen. Diesmal war ich vorbereitet. »Ich pflege meine Mischhaut bereits mit dem Youth Architect. Die perfekte Tagescreme für den Mann ab fünfzig.«

Die Verkäuferin lächelte. »Tagescreme. Sehr gut. Aber was ist nachts?«

Das brachte mich völlig aus dem Konzept. Nachts?

»Nachts wird die Haut am stärksten beansprucht. Gerade jetzt im Winter. Durch die trockene Heizungsluft.« Die Verkäuferin tupfte mir etwas Nachtcreme ins Gesicht.

»Aber es ist Sommer«, sagte ich.

»Ein sehr kühler Sommer«, sagte sie.

Ich kaufte den Force Supreme Youth Architect Night Care. Für 68 Euro.

»Darf ich Ihnen noch was empfehlen?«, fragte die Verkäuferin.

Oh Gott, dachte ich kraftlos. Erbarmen. Bitte.

»Eine Creme für den Augenbereich. Probieren Sie mal.«

»Danke. Aber ich habe doch schon zwei Gesichtscremes. Eine für den Tag, eine für die Nacht. Gehören die Augen nicht zum Gesicht?«

»Die Haut im Augenbereich hat ganz andere Bedürfnisse. Gerade jetzt im Frühling. Das Sonnenlicht. Die UVA-Strahlung. Die UVB-Strahlung. Das Krebsrisiko.«

Ich kaufte den Force Supreme Youth Architect Eye Control. Für 82 Euro.

Anschließend taumelte ich aus dem Laden und fühlte mich wie ein Rentner, der von einer Kaffeefahrt mit vier Heizdecken und acht Zentnern Heilerde zurückkehrt.

Zu Hause benutzte ich meine edlen Cremes zunächst nicht. Es erschien mir auf klischeehafte Weise unmännlich. Ich bin aufgewachsen mit dem berühmten Pitralon-Werbespot: Uwe Seeler, ein blasser, glatzköpfiger Mann, rieb sich fröhlich pfeifend billiges Rasierwasser ins Gesicht. Jahrelang dachte ich: Ein Rasierwasser, das nicht brennt wie die Hölle, taugt nichts. Mein Vater wiederum benutzte sein Leben lang nur einen Kosmetikartikel wirklich regelmäßig: Birkenhaarwasser. Noch heute, wenn wir uns treffen und er mein schütteres Resthaar betrachtet, sagt er: »Nimm ordentlich Birkenhaarwasser, mein Junge.«

Diese Prägung schüttelt man nicht so einfach aus den Knochen. Andererseits waren die Cremes nun einmal da. Es wäre dumm, sie nicht wenigstens zu probieren, oder?

Ich begann mit der Tagescreme. Bald folgte die Augencreme. Die Nachtcreme verwechselte ich anfangs oft mit der Tagescreme. Oder umgekehrt?

Zu meinem eigenen Erstaunen fand ich Gefallen an der Pflege, am sinnlichen Akt des Eincremens. Es war ein gutes Gefühl, meiner Haut Nährstoffe und Feuchtigkeit zu schenken, insofern ist das Eincremen eng verwandt mit dem Düngen. Gleichzeitig schien mir das Eincremen aber auch ein sehr spiritueller Akt zu sein, denn was nützt der ganze Aufwand, wenn man anschließend nicht unerschütterlich und unterstützt von Gebeten an die verjüngende Wirkung der eingesetzten Mittel glaubt? Eine Art Gesichts-Katholizismus, ja.

Und ich roch so gut!

Meiner Frau gefiel es auch. »Meine Fresse, siehst du rosig aus. Wie ein polierter Apfel«, sagte sie anerkennend.

Natürlich nahm meine genussvolle Cremerei einige Zeit in Anspruch. »Was macht Papa schon wieder im Bad?«, beschwerte sich meine Teenagertochter.

»Er pflegt sich«, sagte meine Frau.

»Was soll das heißen?«

»Er cremt sich ein.«

»Seinen Körper? Igitt! Warum das denn?«

»Gegen das Alter.«

»Aber er IST doch schon alt!«

Zur Strafe versteckte ich die Anti-Pickel-Creme meiner ungehobelten, wurstgesichtigen Tochter im Spülkasten der Toilette.

Wenn sich zufällig die Gelegenheit ergab, und zufällig ergab sie sich oft, ging ich nun bei Douglas vorbei.

»Darf ich Ihnen was empfehlen?«

»Gerne!«

Ich lernte neue Begriffe: Marionettenfalten. Moisturizing. Holziger Amber-Akkord. Aber besonders mochte ich es, wenn mir die Douglas-Ladys ein Produkt für den »gepflegten Herrn« empfahlen. Vor ein paar Wochen noch hätte ich diese Bezeichnung als onkelhaft empfunden. Aber mittlerweile war mir klar: Diesen edlen, privilegierten Status erreicht man nur als Alterspubertier. Ein junger Mann kann niemals ein gepflegter Herr sein, höchstens ein eitler, oberflächlicher Geck. Ab Mitte vierzig aber kann man nach Herzenslust cremen, ölen, parfümieren, maniküren, und alle Welt wird staunend sagen: Schaut her, da kommt ein gepflegter Herr! Auch in der Damenwelt ist der gepflegte Herr beliebt, manch einer arbeitet als Traumschiffkapitän, James Bond oder George Clooney. Eine ungemein schillernde, weltläufige Figur also, weshalb ich gleich noch ein Fläschchen feuchtigkeitsspendendes Nagelöl für 58 Euro kaufte.

»Nagelöl? Echt?«, fragte meine Frau. Sie muss sich noch etwas gewöhnen an meine neue Identität als gepflegter Herr. Vor ein paar Tagen lag ich mit einer selbst angerührten, reinigenden Gesichtsmaske aus Quark, Basilikum, Zitrone und Teebaumöl auf der Couch. Meine Frau kam ins Zimmer und schrie auf, als hätte sie den Leibhaftigen gesehen. Oder Fantomas.

»Ich bin's doch, Liebling!«, rief ich, während unser Kater an meinem Quark-Gesicht schleckte.

Wobei uns der Anti-Aging-Kampf auch wieder näher gebracht hat, als Paar. »Was hältst du von der Dr. Hauschka Regeneration Hals- und Dekolletécreme für anspruchsvolle, reife Haut?«, fragte meine Frau.

»Nimm lieber den Kräuterbalsam mit Schisandra-Kraut und Feuchtigkeits-Booster von Doctor Eckstein«, riet ich. Solche Gespräche hätten wir früher nie führen können.

Dazu kam der Trost. Die gegenseitige Aufbauhilfe. Frauen haben oft große Selbstzweifel, was für ihre Intelligenz und die Fähigkeit zur Selbstreflexion spricht. Männer haben leider oft kleine Selbstzweifel. An manchen Tagen steht meine Frau vor dem Spiegel und sagt: »Überall Cellulite! Ich lass sie absaugen, in Gläser packen und verkaufe das Zeug auf dem Bio-Wochenmarkt! Als Hausmachersülze!«

Ich habe diese Cellulite-Panik nie verstanden. Mein ganzer Bauch besteht ja quasi aus Cellulite. Aber rege ich mich deshalb auf? Also nahm ich meine Frau in die Arme und erklärte ihr mit meiner Autorität als gepflegter Herr, dass »Cellulite« ein dummes Wort sei, das nach einer ansteckenden Krankheit klinge. Viel schöner sei doch: Orangenhaut.

»Schöner?«

»Absolut! Da steckt der Süden drin. Die Sonne. Das Zirpen der Zikaden. Urlaub. Alle lieben Orangen. Und Orangensaft, Orangenkuchen, Orangenmarmelade, Orangenlikör, Orangenblüten, *Orange Is the New Black*, Wodka-Orange. Wo hat man den besten Sex? Im Orangenhain. Was ist ein sehr schönes, kluges oranges Tier?« Mist. Da fiel mir nichts ein.

»Der ... Orang-Utan?«, sagte meine Frau.

»Ganz genau!«

Für die Zukunft möchte ich meinen Status als gepflegter Herr gerne ausleben. In vollen Zügen. Ab achtzig könnte ich dann übergangslos in den Status des gepflegten Greises übergehen. Die »Alge der Jugendlichkeit« wird dann wohl nicht mehr helfen. Aber vielleicht der »Hibiskus der Ewigkeit«. Oder der »Granatapfel der Unendlichkeit«. Oder Birkenhaarwasser.

Buenos dias, Messias

An meinem 48. Geburtstag überreichte mir meine Frau einen hübsch gestalteten Gutschein, auf dem stand: Anfängerkurs Tango Argentino mit José. »Na? Freust du dich?«, fragte meine Frau. Und ich sah in ihren Augen, dass sie sich jedenfalls sehr freute über ihr Geschenk. »Oh ja!«, sagte ich und nahm sie in die Arme. »Das wird toll, Liebling. Wir beide. Tango. Wow!«

Vielleicht war das ein bisschen dick aufgetragen. Aber ich verspürte eine aufrichtige Erleichterung darüber, dass es ein Tangokurs war. Und kein Kochkurs. Oder der »Basiskurs Wein & Käse aus Südfrankreich«. Oder »Imkern für Anfänger«, wo man sich für viel Geld von Bienen in den Po piken lässt.

In der Alterspubertät werden, als Teil der großen Sinnsuche, gerne Kurse besucht und neue Hobbys begonnen. Die eigenen Kinder sind jetzt Teenager oder aus dem Haus, und plötzlich ist da wieder Zeit, Freizeit sogar, die es auszufüllen gilt. Aber wie? Und womit?

An meinem letzten Geburtstag schenkten mir Freunde einen Gutschein für einen gemeinsamen »Fischfiletier-Kurs«. Ich fragte mich gerade noch: Warum, zur Hölle?, da stand ich auch schon in der Küche eines Meisterkochs und wühlte in kalten

Fischleibern herum. Das Wichtigste beim Filetieren sei das Filetiermesser, sagte der Meisterkoch. Anschließend verkaufte er jedem ein Profi-Fischfiletiermesser aus japanischem Damaststahl mit Walnussgriff und Wildledertuch. Zum »günstigen Einkaufspreis«.

Ich weiß leider nicht, wo das Wildledertuch geblieben ist. Aber mit meinem Fischfiletiermesser kratze ich heute noch zuweilen den Urinstein aus der Katzentoilette, sodass niemand behaupten kann, der Kurs wäre nutzlos gewesen.

Jetzt also Tanzen. Tango. Der Klassiker unter den Pärchenhobbys.

»Warum ausgerechnet Tango?«, fragte ich meine Frau, als wir zur ersten Tanzstunde gingen.

»Ich wollte mit dir mal wieder etwas Sinnliches erleben, und der Tango ist ein sinnlicher Tanz«, sagte sie, und ich überlegte, ob in ihrer Antwort eine Klage oder zumindest ein klitzekleiner Vorwurf versteckt sein könnte.

Das Erste, was ich über den Tango lernte, war, dass er im 4/8-Takt getanzt wird. Oder im 2/4. Mein Gehirn konnte sich wenig darunter vorstellen. Meine Füße leider gar nichts. Es ist frustrierend und irgendwie auch demütigend, wenn man sich wie ein Kleinkind fühlt, das Laufen lernt, wobei es in meinem Fall auch noch ein extrem entwicklungsverzögertes Kind ist.

»Du musst versuchen, zu der Musik zu tanzen«, sagte meine Frau.

»Das tue ich doch!«, sagte ich.

»Nicht zu irgendeiner Musik«, sagte meine Frau. »Zu der Musik, die gerade läuft!«

Irgendwann kam José, der Tanzlehrer, ganz in Schwarz gekleidet, und sagte im Latino-Deutsch zu mir: »Amigo, mehr *corazón*! Fühlst du den Tango?« Dann griff er sich meine Frau und tanzte ein paar Schritte. Es sah leicht aus, geschmeidig, sexy, und meine Frau schaute ihn an wie Jesus Christus, den Erlöser. Ich hasste José augenblicklich.

Und den Tango auch.

Am zweiten Tangoabend fühlte ich mich besser. Ich tanzte fast unfallfrei mit meiner Frau, bis zu dem Moment, als José sagte: »Partner tauschen, *por favor*!« Wir waren acht Paare im Kurs, alle mittelalt oder älter, es entstand ein kurzes Durcheinander, und plötzlich stand ich einem blonden Gebirge gegenüber: Beate. Mindestens 1,80 groß, mindestens 90 Kilo schwer. Sie war wirklich sehr viel Frau, und ich bin sehr wenig Mann. Beate schaute von oben auf mich herunter, so als wäre ich der Kleine Muck, und sagte: »Also, ICH führe nicht!«

Das ist auch ein Problem beim Tango. Der Mann muss führen. Immer. Ob er tanzen kann, spielt überhaupt keine Rolle. Wo ist der Feminismus, wenn man ihn mal braucht? Ich schob Beate durch das Tanzstudio, unsere Hände waren feucht vor Anstrengung und Abneigung, Beate sagte kein Wort, nur manchmal sah ich ihre Mundwinkel aufzucken, wenn ich auf ihren riesigen Füßen stand, und als der Tanz vorüber war, wand sie sich hastig aus meinen Armen wie aus den Klauen des Leibhaftigen.

An diesem Abend wollte ich Schluss machen mit dem Tango. Endgültig. Aber meine Frau war so hingerissen vom Tango, ich brachte es nicht übers Herz. Dazu kam: Sie hatte sich schon oft ein gemeinsames Hobby gewünscht. Vor ein paar Jahren hatten wir es mit Tennis versucht, und ich sammelte frustriert die Bälle auf, die sie großzügig neben den Platz verteilte. Ich rief: »Spiel den Ball ruhig mal in meine Richtung!« Kurz darauf war das Hobby beendet. Später versuchten wir es noch mit einem gemeinsamen Kletterkurs im Gebirge, wo ich mich wiederholt ins Tal erbrach, weil ich keinen höhenerprobten Klettermagen habe. Und heute? Sind wir ein mittelaltes Paar, das nach zwanzig Jahren Ehe darauf hofft, dass ein Hobby neue Impulse in unsere routinierte Beziehung bringt. Manchmal sitzen wir jetzt beim Abendbrot zusammen, die Kinder sind irgendwo unterwegs, und wir spüren, wie unsere Gespräche versanden. Dann setzen wir uns vor den Fernseher und hoffen, dass es der andere nicht bemerkt.

Ich musste dem Tango eine Chance geben. Vielleicht hatte José, der Tanzlehrer, ja auch recht: Ich brauchte mehr Gefühl, mehr *corazón*, so wie Al Pacino, der im Film *Der Duft der Frauen* als alter, blinder Armee-Offizier eine wunderschöne Frau mit ein paar Tangoschritten verzaubert. Und wenn der alte, blinde Al Pacino das schaffte, dann ich doch wohl auch.

Ich fühlte langsam meinen Ehrgeiz erwachen. Völlig fehl am Platz war natürlich jede Form von übertriebenem Ehrgeiz. Klar. Das sieht man leider oft in der Alterspubertät: Die Leute sind so furchtbar verbissen. Randvoll mit Ambition. »Wir gehen es locker an«, sagte ich zu meiner Frau und bestellte mir im Internet erst mal eine »schön schwingende Salon-Tango-Herrenhose«. Model Chico. Als ich die Hose »Chico« später anzog, hatte ich das Gefühl, dem Tango schon ein gutes Stück näher gekommen zu sein. Oder lag es an meinen neuen handgenähten Tangoschuhen mit Antirutsch-Absatz?

Es vergingen drei Wochen, bis meine Frau vorschlug, künftig zweimal wöchentlich zum Tanzkurs zu gehen. »Du sprichst mir aus der Seele, mi corazón!«, sagte ich. Das ist übrigens auch so eine Sache, die ich schnell merkte: Wenn man nur ein paar Brocken Spanisch in den Alltag integriert, verändert sich das ganze Lebensgefühl. Man lernt automatisch seinen inneren Latino kennen. Das hilft beim Tango ungemein. Es muss natürlich das weiche südamerikanische Spanisch sein, das ich mir seit einigen Tagen mithilfe eines Online-Sprachkurses anzueignen versuchte.

»Es ist toll, dass du so begeistert bei der Sache bist«, sagte meine Frau.

»Du aber auch!«, sagte ich.

»Ich liebe es, wie du den Tango liebst«, sagte sie.

»Ich liebe es, wie du es liebst, wie ich den Tango liebe«, sagte ich.

Meine Frau gründete schon bald eine WhatsApp-Gruppe für unseren Tangokurs, damit wir Koch- und Grillrezepte sowie die neuesten politischen Entwicklungen in unserer zweiten Heimat miteinander austauschen konnten. Das Schöne am Tango ist ja, dass es nicht nur um den Tanz geht. Tango ist ein Lebensgefühl. Der Herzschlag und die Seele eines ganzen Landes, die es zu entdecken gilt.

»Meinst du, wir übertreiben es ein bisschen?«, fragte meine Frau.

»Mi *corazón*«, sagte ich, nahm sie beruhigend in den Arm und spürte ganz deutlich, wie sie unser gemeinsames Hobby genoss. »*Una buena pierna es más importante que una cabeza inteligente.*«

»Was?«

»In Argentinien sagen wir: Ein gutes Bein ist wichtiger als ein kluger Kopf!«

Es vergingen drei Wochen, bis meine Frau eines Abends eine neue Idee hatte. »Wir könnten im Herbst eine Tango-Reise durch Argentinien machen«, sagte sie. »Wir tanzen uns vom Río de la Plata runter nach Patagonien!«

Ich war gerade dabei, ein paar selbst gemachte Empanadas zu frittieren, dazu hörten wir eine knisternde, alte Schallplatte mit Tango-Klassikern von Carlos Gardel, die ich bei einem Antiquariat in Buenos Aires online bestellt hatte. »Tango-Reise?«, fragte ich und nahm einen Schluck Matetee.

»Vielleicht kommen Jorge und Emanuella ja auch mit. Wäre doch toll.«

»Wer sind Jorge und Emanuella?«, fragte ich.

»Na, Jörg und Manuela. Aus unserem Tangokurs? Kennst du doch.«

Ich dachte: Na, vielleicht übertreibt sie es ja doch ein bisschen. Aber diese aufrichtige Tango-Begeisterung meiner Frau zu sehen, das war einfach wunderschön.

Später, als sie längst schlief, postete ich auf Facebook noch die 58 Fotos von unserem letzten Argentinien-Abend, der ein großer Erfolg war. Meine Frau hält das für Angeberei. Aber was nützt es denn, ein schönes, neues Hobby zu haben, wenn man es dann seinen Freunden und Bekannten, die kein so schönes, neues Hobby haben, weil sie kein so strahlendes Ü-40-Pärchen sind wie wir, nicht auch immer wieder mitteilt?

Nach unseren Tanzstunden machten wir gerne noch ein bisschen Small Talk mit den anderen Tänzern. Fachsimpeleien unter Profis. Leider gab es hier auch Neider. Besonders ein Pärchen besaß nicht die Größe anzuerkennen, dass meine Frau und ich es tangomäßig eben besonders gut hinbekamen: Jorge und Emanuella.

Eines Abends erzählten sie in unserer Tango-Runde, wie sehr sie es doch lieben würden, den Tango überall zu tanzen.

»Was heißt überall?«, fragte ich.

»Na, eben überall, wo wir Lust auf Tango bekommen. Auch an ungewöhnlichen Orten«, sagte Jorge. »Habt ihr es schon mal im Treppenhaus gemacht?«

»Natürlich!«, sagte ich.

»Und im Fahrstuhl?«, fragte Jorge.

33

»Hoch und runter. Rein und raus. Wir lieben es«, sagte ich.

»Unter der Dusche?«, fragte Jorge lauernd.

»Ein Klassiker bei uns«, sagte ich kühl.

»Und im Freien? Völlig ungeschützt?«

»Soll das ein Witz sein? Auf einer Wiese oder in einem öffentlichen Park einfach loszulegen, das ist das Größte«, zischte ich. »Aber ... wir tun es auch sehr, sehr gerne im Auto, *hijo de puta.*«

»Im Auto? Tango?«, fragte Jorge unsicher.

»Auf dem Rücksitz. Ganz genau. Ist natürlich für Fortgeschrittene. In Argentinien sagen wir: El *tango es la expresión vertical de una demanda horizontal.*«

»Was?«, fragte Jorge.

»Der Tango ist der vertikale Ausdruck eines horizontalen Verlangens«, übersetzte ich, schaute ihn an wie Fliegendreck und sagte: »Noch Fragen? *Bitch!*«

Auf dem Weg nach Hause sagte meine Frau verärgert, ich hätte mich benommen wie ein Idiot. »Es war so peinlich! Wir können uns da nie wieder blicken lassen.«

»Aber, *mi corazón*, ich habe das doch alles nur für dich getan!«

»Für mich?«

»Ich weiß doch, wie wichtig dir der Tango ist. Und dann kommt dieser Jorge und beleidigt deine Ehre! Unsere Ehre! Die Ehre *nostra familia*!«

»Ach, halt die Klappe mit deinem dämlichen Spanisch. Ich kann's nicht mehr hören!«

Das war ein Schock. »Dämliches Spanisch?«, fauchte ich.

»Ja! Und die dämlichen Empanadas, die dämlichen Schallplatten, der dämliche Argentinien-Abend, der dämliche Matetee, von dem ich immer Durchfall bekomme!«

»Wenn das alles so dämlich ist, warum hast du nie was gesagt?«

»Wegen dir! Weil dir das alles so wichtig war! *Mi corazón* hier, *mi corazón* da!«

»Ach ja? Wer hatte denn die Idee: Tangokurs? Seit Monaten spiele ich den Latin Lover und tanze mir den verdammten Arsch ab. Nur für dich! In dieser albernen Chico-Tangohose!«

»Die DU unbedingt kaufen musstest!«

»Weil DU unbedingt Sinnlichkeit wolltest!«

»Weil DU so ein Langweiler geworden bist!«

Das alles ist jetzt ein halbes Jahr her. Wir sprachen nie wieder über den Tango. Heute fahren wir am Wochenende raus zum See, wo unser Boot auf uns wartet. Das Schöne am Segeln ist ja, dass es nicht nur um das Segeln geht. Segeln ist ein Lebensgefühl. Wenn Sie wissen, was ich meine.

Dancing with myself

Als ich im Radio hörte, Billy Idol käme für ein Konzert in unsere Stadt, war ich erstaunt, weil ich dachte, Billy Idol sei längst tot. Gleichzeitig verspürte ich ein drängendes Bedürfnis, mir sofort eine Karte zu kaufen, zum einen aus Freude darüber, dass Billy Idol noch lebte. Zum anderen, weil ich in einer schwierigen Lebensphase bin, in der ich mich, musikalisch gesehen, wieder rückwärts entwickle. Sozusagen: zum Ursprung hin.

Vor gut dreißig Jahren war ich Billy-Idol-Fan. Ich saß in der Schule mit blondierten Haaren, an der rechten Hand trug ich einen abgeschnittenen schwarzen Lederhandschuh, und wenn ich sprach, zog ich links die Oberlippe hoch, so, wie es Billy Idol tat. Eine hochgezogene Oberlippe kann cool aussehen, wenn man »Flesh, flesh for fantasy!« singt. Aber nicht, wenn man 15 Jahre alt ist, einen Überbiss hat und die Lippenkoordination Probleme bereitet. Ich bleckte die Zähne wie ein knurrender Hund. Ein knurrender Hund mit einem Handschuh an der Pfote.

Nach der Pubertät endete meine Billy-Idol-Phase, wir verloren uns aus den Augen, sodass ich mich jetzt fragte, wie alt der gute Billy wohl heute sei. Vermutlich rund sechzig Jahre. Oder noch älter?

Trotzdem verspürte ich eine große Euphorie. *Billy Idol is coming to town!* Im Wohnzimmer legte ich feierlich *Rebel Yell* in meinen CD-Player, ein Idol-Album, das mich sofort in die Achtzigerjahre zurückbeamte, in die stickige Schuldisko, die Mädchen mit Depeche-Mode- oder Madonna-Stickern an der Jeansjacke und dem Geschmack von Zigaretten und geklautem Apfelkorn auf den Lippen.

Ja, ich höre noch immer CDs. Auch Platten. Und sogar, wenn mich die Nostalgie mit großer Wucht trifft, Kassetten. Manchmal kommen heute die Teenagerfreunde meiner Kinder bei uns vorbei, und dann stehen sie staunend vor meiner Musikanlage aus den frühen Neunzigerjahren wie vor einer rätselhaften Zeitmaschine.

»Was ist DAS denn?«, fragen sie.

»Ein Kassettendeck«, sage ich. »Man legt, äh, Kassetten ein. Früher haben wir so Musik gehört.«

»Krass«, sagen sie. Aber nicht auf die anerkennende Art. Sondern auf die mitleidige, mit der man das abgewetzte, wurmstichige Holzbein eines Kriegsveteranen betrachtet.

Ich drehte die Musik laut. Die Boxen wummerten. Wann hatte ich das zuletzt gemacht, richtig laut Musik gehört? Normalerweise bin ich der Typ, der an die Zimmertüren meiner Kinder klopft und brüllt, dass sie die verdammte Musik leiser drehen sollen. Und dann fühle ich mich wie mein Vater, der vor über dreißig Jahren an meine Kinderzimmertür klopfte und brüllte, dass ich die verdammte Musik leiser drehen soll. Damals, mit 15 oder 16, war mir eine Sache völlig klar: So würde ich nie werden. Niemals.

Zu meiner Verteidigung muss ich sagen: Die heutige Popmusik ist, ganz anders als zu meiner Zeit, von großer Banalität und Scheußlichkeit. Manchmal spielen mir meine Kinder irgendeinen Hit vor, der sie gerade begeistert. Ich nicke wohlwollend, sage: »Wow! Eine schöne Platte!«, und denke: Herr, mach, dass es schnell endet, bevor meine Gehörgänge kollabieren. Wie kann mein eigen Fleisch und Blut nur diesen Schrott hören?

Meine Kinder wiederum schauen mich an wie ein Großväterchen und fragen nur: »Platte?«

Ich strich mit dem Finger über die feine Staubschicht in meinem Plattenregal. The Smiths, Depeche Mode, The Cure und die *Bravo-Hits* von 1990 standen dort wie Museumsstücke, und ich dachte daran, dass ich früher die Samstagnachmittage gern in Plattenläden verbracht hatte, ein Ort, der heute fast genauso verschwunden ist wie die Telefonzelle oder das Raucherabteil. Ich schaute durch meine CD-Sammlung, sie bricht Mitte der 2000er-Jahre mit dem zweiten Coldplay-Album mehr oder weniger ab, so als hätte die Menschheit anschließend aufgehört, Popsongs zu schreiben. Ganz offensichtlich war ich schleichend zum Oldie-Mann geworden.

Wie konnte das nur passieren?

Ein paar Wochen zuvor machte ich bereits eine Entdeckung, die mich irritierte. Im Küchenradio war unser üblicher Sender verstellt, und im Bemühen, ihn wiederzufinden, stieß ich auf einen mir bislang unbekannten Sender: Radio Paradiso. Dort spielen sie die »größten Softhits«, man kann auch sagen: den ganzen Dreck von früher. Insbesondere aus den Achtzigern. Aber sobald ich Frankie Goes to Hollywood, Duran Duran oder Talk Talk höre, fühle ich mich auf eine Weise berührt, die schön und schauderhaft zugleich ist. Ich meine, es lässt einen nicht gerade jünger wirken, wenn man mit grauen Hausschuhen aus Schafschurwolle an den Füßen in der Küche steht, ein Gläschen Eierlikör in der Hand, Radio Paradiso hört und zu »Self Control« von Laura Branigan zufrieden mit dem Popo wackelt. Deshalb höre ich den Oldie-Sender nur heimlich. Wenn ich allein zu Hause bin. Oder im Auto auf dem Weg zur Arbeit. Im Prinzip ist es wie Pornos schauen, wo man ja auch hofft, dass einen niemand dabei erwischt, wie man begeistert die Brüste einer grell blondierten MILF aus Osteuropa bestaunt. Es ist die eine Sache, mittelalt und peinlich zu sein. Aber bitte möglichst unauffällig und mit einem klitzekleinen Rest Würde.

Ich hatte immer geglaubt, mein Musikgeschmack würde sich kontinuierlich weiterentwickeln und mit Ende vierzig wäre ich selbstverständlich ein Mann, der popmusikalisch noch voll im Saft steht. Ein lässiger Dad, der zusammen mit seinen Kindern auf Konzerte geht und den Satz sagt: »Ach übrigens, ich habe hier Backstagepässe. Hat irgendjemand Interesse?« Und dann springen die Kids kreischend in meine Arme wie schwer beeindruckte Teenageräffchen.

Einmal bot ich meinen Kindern an, mit ihnen auf ein Konzert zu gehen. Das anschließende Schweigen bedeutete: Tun wir so, als hätten wir den Vorschlag des komischen Alten nicht gehört. Immerhin, ich darf ihnen die teuren Konzertkarten bezahlen, sie zum Konzert chauffieren und hinterher auch wieder abholen. Ich bin der Idiot vom Shuttle-Service. Zusammen mit anderen Alterspubertieren warte ich vor der Konzerthalle, eine Parade der Abgehängten, die darüber rätselt, ob dieser Capital Bra, der gerade unsere Kinder beschallt, ein Mann ist, eine Frau, ein Duo wie damals Al Bano & Romina Power oder eine Boyband aus Rumänien.

Als Teenager habe ich mir oft gewünscht, mit meinem Vater auf ein Konzert zu gehen. Ich hätte es als Zeichen gesehen, dass ich im Kreis der ernst zu nehmenden Popmusik-Interessierten aufgenommen war. Quasi erwachsen. Aber mein Vater meinte nur: »Sag Bescheid, wenn Elvis spielt. Dann komme ich mit.« Das war 1985.

Popmusikalisch ist mein Vater nie über Elvis und Chuck Berry hinausgekommen. Das letzte Mal, dass sich mein Vater überhaupt für so etwas wie die Moderne interessierte, war der Tag, an dem plötzlich ein Farbfernseher in unserem Wohnzimmer stand. Ein klotzartiges, riesiges Gerät. Mein Vater saß auf der Couch, schaltete mit der Fernbedienung zufrieden durch die fünf Programme und sagte: »Man muss nicht mehr aufstehen. Guck dir das an! Alles vollautomatisch, mein Junge!« Heute ist er ein Mann, der sich hartnäckig weigert, mit einem Handy zu telefonieren. »Warum soll ich mir eine verdammte Brotbüchse ans Ohr halten?«

Leider erkenne ich bereits Ähnlichkeiten. Ich habe zum Beispiel ein iPad, aber ich benutze es kaum. Ich bin nicht bei WhatsApp, dabei ist selbst die neunzigjährige Großtante meiner Frau bei WhatsApp. Mein letztes Computerspiel? Die Originalversion von Pac-Man. Und dann denke ich voller Angst, dass ich womöglich eine rund vierzig Jahre jüngere Version meines Vaters geworden bin. Im Gegensatz zu mir hat es meinen Vater aber nie gestört, irgendwann den Anschluss verloren zu haben. Es war einfach der Lauf der Dinge. Jeder hat seine große Zeit. Und plötzlich ist sie vorbei und kommt nie wieder.

Am Abend setzte ich mich an den Computer, um mir ein Ticket für Billy Idol zu kaufen. Aber dann zögerte ich. Wenn man erst mal anfängt auf Oldie-Konzerte zu gehen, dann hat man das Reich der Jugendlichkeit endgültig verlassen. Es gibt kein Zurück mehr. Man trägt quasi in aller Öffentlichkeit ein riesiges Schild um den Hals, auf dem steht: alter Sack.

Ich klickte auf Wikipedia. Billy Idol ist heute 63 Jahre alt. Mein Gott. Es kann einem die ganzen schönen Erinnerungen kaputt machen, wenn Rockstars ins Rentenalter kommen, und plötzlich betritt ein dicker Mann mit Alkoholiker-Visage und fusseligem Resthaar die Bühne, der aussieht wie der Hausmeister einer Problemschule, aber steif und fest behauptet, er sei Billy Idol.

Ich setzte mich zu meiner Frau auf die Couch und sagte beiläufig, dass demnächst Billy Idol in die Stadt komme.

»Lebt der noch?«

»Sieht so aus. Wir könnten zusammen hingehen.«

»Wir?«, fragte meine Frau erstaunt. Sie ist nur drei Jahre jünger als ich. Aber in letzter Zeit betont sie diese drei Jahre immer sehr. So, als würden wir verschiedenen Generationen angehören. Es gibt jetzt meine Jugend. Und ihre Jugend.

Verräterin, dachte ich, ging rüber zu den Kindern und sagte: »Der große Billy Idol gibt ein Konzert. Da gehen wir zusammen hin. Wie findet ihr das?«

»Wer ist Willy Idol?«

Später rief ich einen alten Schulfreund an. Wir sprachen eine halbe Stunde über dies und das, bis ich die Katze aus dem Sack ließ: »Schon gehört? Billy Idol kommt in die Stadt. Glaubst du, da geht irgendjemand hin?« Eine Pause entstand.

»Kann ich mir nicht vorstellen, dass da jemand hingehen will. Aber was meinst du?«, sagte mein Freund.

»Sehr unwahrscheinlich. Andererseits ...«

»Ja?«

»Ganz sicher weiß man es erst, wenn man selbst hingeht.«

»Du meinst, wir sollten uns mal angucken, ob da jemand hingeht?«

»Also, wenn es DIR so viel bedeutet, dann sollten wir, ja.«

Und so gingen wir wirklich zu Billy.

Wobei ich finde: Es macht am Ende schon einen großen Unterschied. Ob man auf ein Oldie-Konzert geht. Oder, wie in meinem Fall, nur einen Oldie begleitet, der da unbedingt hinwill.

Die Kuh, die sich glücklich fraß

Seit ein paar Wochen geht meine Frau zur Meditation. Kommt sie wieder nach Hause, riechen ihre Haare nach süßem Rauch, und sie sagt: »Ach, das tat wieder gut.«

»Was macht ihr da eigentlich genau?«, fragte ich sie neulich.

»Meditieren.«

»Also macht ihr Übungen? Gymnastik und so?«

»Nö. Wir machen nichts.«

»Nichts?«

»Gar nichts. Aber ganz bewusst. Das ist ja das Anstrengende.«

»Verstehe ich nicht.«

»Beim Meditieren lässt man die Gedanken vorüberziehen. Im Idealfall denkt man überhaupt nichts und bewertet auch nichts. Sagt Klaus.«

»Wer ist Klaus?«

»Na, der Lehrer. Er ist buddhistischer Mönch.«

»Ein Buddhist, der Klaus heißt?«

»Warum nicht? Ist doch völlig egal. Klaus kann gut erklären. Aber auch gut schweigen.«

Ich dachte: Warum trifft sich meine Frau mit einem fremden Mann, irgendeinem dahergelaufenen Buddhisten, um zusammen mit ihm nichts zu tun, nichts zu denken, nicht zu reden? Ich meine: Das kann sie doch auch zu Hause haben? Andererseits: Mittwochs kommt oft Champions League. Wenn sie dann bei Schweige-Klaus auf der Matte sitzt – perfekt. Ich sagte: »Klingt total gut, diese Mediation.«

»Meditation!«

»Mein ich ja.«

»Schön, dass du so offen bist. Viele Männer reagieren sehr ablehnend auf spirituelle Dinge.«

»Ich bin total offen!«

»Na, dann meditiere doch auch mal.«

Ich dachte: So offen bin ich nun auch wieder nicht.

Meine Frau schaute mich prüfend an. »Oder wenn Meditation nicht dein Ding ist, dann komm wenigstens mal mit zum Yoga.«

Manchmal muss ein Mann wählen. Zwischen Qual und Pein. Zwischen Sepsis und Mundgeruch. So kam ich zu meiner ersten Yogastunde. Der Kurs fand in einem Studio bei uns in der Straße statt. Meine Frau stellte mich der Lehrerin vor. Sie legte die Hände vor der Brust zusammen, sagte: »Namaste«, und betupfte meine Stirn mit Pfefferminzöl.

»Hallo, Namaste«, sagte ich.

»Namaste heißt willkommen«, sagte die Lehrerin.

»Tut mir leid, ich habe noch nie Yoga gemacht«, stammelte ich.

»Du hast noch nie Yoga gemacht?«, fragte die Lehrerin.

»Ich wollte ja immer, aber ich hatte keine Zeit.«

»Die Zeit ist der Augenblick, den wir uns nehmen.«

»Ja, klar, aber bevor man sich dann wirklich auf den Weg macht ...«

»Ein Weg entsteht, wenn man ihn geht.«

»Absolut, wobei ich denke ...«

»Deine Gedanken sind der Anfang deiner Taten.«

Okay, dachte ich und hielt einfach die Klappe.

Die Lehrerin wies mir einen Platz am Rand zu, ganz hinten, an den Toiletten. Dort, wo auch der einzige andere Mann saß. Die Frauen trugen lässige Yogakleidung, saßen auf ihren stylischen Yogamatten. Ich blickte an mir hinunter, sah meine ausgeleierte Turnhose, meine blassen, dünnen Beine und die dunkelbraunen Strümpfe, die an den Hacken abgelaufen waren.

Wir begannen mit Dehnungsübungen. Die anderen verbogen sich, als hätten sie keine Knochen im Leib, ich war steif wie ein Hundertjähriger. Die Lehrerin sprach von der Energie des Kosmos, die durch uns fließt. Bei mir floss nur der Schweiß, mischte sich mit dem Pfefferminzöl auf meiner Stirn und lief in meine Augen, die brannten und tränten. Die Lehrerin schaute zu mir. »Sehr gut! Lass deinen Gefühlen freien Lauf. Deine Tränen sagen dir, dass du mit deiner Seele in Kontakt bist.« Da war ich ein bisschen stolz.

In der Pause sprach mich der andere Mann an, ein älterer, drahtiger Typ: »Dein erstes Mal?«

»Ich begleite nur meine Frau.«

»Lass mich raten: Du wolltest ihr zeigen, wie offen du bist?«

»Woher weißt du das?«

»So fing's bei mir auch an. Vor sechs Jahren.« Er zeigte auf die Yogalehrerin. »Meine Frau. Früher war sie Rechtsanwältin. Dann begann sie mit Yoga. Später kamen andere Sachen dazu. Sie wolle sich wieder spüren, sagte sie. Spirituell sein. Ich dachte: Warum nicht? Ist bestimmt nur so eine Phase. Heute fährt sie zweimal im Jahr nach Indien, zu einem halb nackten Guru, der auf einem verlausten Schafsfell sitzt.«

Ich schaute auf die Yogalehrerin. Sie sah eigentlich ganz normal aus.

»Meine Frau geht zu Mönch Klaus. Zur Meditation«, sagte ich.

»Oh. Dann hat Phase zwei schon begonnen.«

»Phase zwei?«

»Liegt bei deiner Frau ein Positiv-Denken-Buch auf dem Nachttisch? Oder ein Glücksratgeber?«

Ich überlegte. Ja, da lag so ein Buch. Definitiv. Mit einem seltsamen Titel. »Die Kuh, die sich glücklich fraß?«, sagte ich. »Oder Der Hund, der die Hündin aß?«

»Der Elefant, der das Glück vergaß!«, sagte der Mann. »Ein Klassiker. Riesenbestseller. Meist beginnt mit einem Glücksbuch die spirituelle Verwandlung. Phase eins, allgemein bekannt als ›Erweckungsphase‹. In dieser Zeit beginnt die Frau mit Yoga. Dazu trinkt sie große Mengen ›Harmonie für Körper & Seele‹-Tee.«

Das kam mir erstaunlich vertraut vor. »Und Phase zwei?«, fragte ich.

»Wird ›Die große Suche‹ genannt. Häufige Phänomene: Tragen eines Energiearmbandes am Handgelenk. Eintritt in den Kirchenchor, kurz darauf aber wieder Austritt aus dem Kirchenchor und Hinwendung zum Buddhismus. Erste Erfahrungen mit Meditation und Klangschalen.«

Mönch Klaus!, dachte ich mit Schrecken.

»Phase drei: ›Der lange Marsch‹«, sagte der Mann.

»Wie bei Mao Tse-tung?«

»Schlimmer. Nicht der Kommunismus wird gesucht. Sondern das ›innere Kind‹. Dazu kommen Familienaufstellungen beim Lebenscoach. Die Frauen legen sogenannte Energiesteine in die Wasserkaraffe. Zur Entspannung reisen sie zum Heiltöpfern nach Mallorca.«

Ich wusste nicht, was das sein sollte: das innere Kind. Energiesteine. Aber ganz ehrlich? Ich wollte es auch nicht wissen. Ich hatte einfach nur Angst. Um meine Frau. »Wie viele Phasen kommen denn noch?«

»Schwer zu sagen. Nicht jede Frau geht bis zum Ende, aber einige erreichen Phase vier. Die teuflischste. Von dort gibt es dann kein Zurück.« Der Mann zeigte wieder auf seine Frau, die Yogalehrerin, die gerade selbstversunken an einer Flasche mit ätherischen Ölen schnüffelte. »Phase vier heißt: ›Die Erleuchtung‹. Die Frau beginnt nun mit der Ausbildung zur Yogalehrerin. Oder Heilpraktikerin. Oder Heilerin – Schwerpunkt magisches Pendel und Feng-shui. Na ja, und dann kommt schlussendlich ...«

»Indien?«, sagte ich mit trockenem Mund.

Der Mann nickte traurig.

»Aber warum tun Frauen das? Die allermeisten sind doch gut vierzig Jahre lang völlig normal?«

»Darüber habe ich schon oft nachgedacht. Wir alle werden gerade spürbar älter, träger, desillusionierter. Und ständig das Gefühl: Jetzt geht es nur noch bergab. Bei so viel Negativem wächst die Sehnsucht nach Positivem. Nach Sinn, Lebendigkeit, Glück. Keine Ahnung.«

In den nächsten Wochen beobachtete ich meine Frau aufmerksam, immer in der Hoffnung, ihre spirituelle Grundverfassung könnte sich wieder, nun ja, einpendeln. Dann verschwand Bruno, unser Kater. Wir suchten das Wohnviertel ab, klebten Fotos von Bruno an die Türen der Nachbarhäuser. Nichts. Meine Frau war völlig am Boden, bis ihr eine Freundin aus dem Yogakurs riet, eine Heilerin in Bayern zu kontaktieren. Diese Heilerin würde, dank ihrer telepathischen Kräfte, mit Bruno in Kontakt treten, seinen Aufenthaltsort herausfinden und Botschaften übermitteln. Für 120 Euro. Für 140 Euro schickt die Heilerin sogar eine Energiewolke, falls Bruno verletzt oder in Lebensgefahr ist.

»Du glaubst doch nicht etwa an diesen Quatsch?«, fragte ich.

»Sie ist eine zertifizierte Heilerin.«

»Hat sie das TÜV-Hexensiegel, oder was?«

»Du bist zynisch. Vielleicht ist das Brunos letzte Chance. Sei mal ein bisschen offen.«

Da war es wieder. Das Teufelswort. OFFEN.

Meine Frau vertiefte sich in die Informationsbroschüre der bayerischen Tierflüsterin. Heilende Gespräche seien auch am Telefon möglich, sagte meine Frau erfreut. In dringenden Fällen sogar per SMS.

»Oh, wie praktisch«, sagte ich. Und dachte: Phase drei hat ganz offensichtlich begonnen. Oder war das schon Phase vier?

Ich musste handeln. Wie hatte der weise Mann aus dem Yogakurs gesagt: Ab Phase vier gibt es kein Zurück! Ich überlegte kurz, meine Frau zu Hause einzusperren. Oder einen verdammten Teufelsaustreiber zu holen. Meinetwegen auch aus Bayern.

Am Abend, als ich den Müll runterbrachte, fand ich Bruno. Hinter dem Müllhäuschen. Ich drückte ihn erleichtert an meine Brust, wollte gerade die Treppe zu unserer Wohnung hochstürmen und meiner Frau die frohe Botschaft verkünden, womöglich mit den Worten: Ein Wunder, ein Wunder! Aber dann hatte ich plötzlich eine viel bessere Idee.

Zwei Tage später lag ein Werbezettel in unserem Briefkasten. Auf rauem, einfachen Papier stand: »Zertifizierter Heiler Bodhi holt Ihre Tiere zurück! Mit Energieübertragungen, Chakrenarbeit, Tiertelepathie. Mein Motto: Ein Tier ist immer irgendwo.« Auf dem Werbezettel stand die Nummer eines Handys, das ich mir kurz zuvor besorgt hatte.

Ich musste nicht lange warten, da klingelte mein Heiler-Handy. Ungünstigerweise saß ich gerade auf dem Klo. Mit tiefer Stimme sagte ich: »Hier ist Bodhi, der Heiler.«

Ich hörte meine Frau nervös atmen. »Ja, hallo«, sagte sie. »Unser Kater Bruno …«

»… ist verschwunden. Ich weiß.«

»Das wissen Sie?«

»Selbstverständlich.«

»Dann könnten Sie mir also auch sagen, wo er ist?«

»Selbstverständlich. Kein Problem. Sie haben die 150 Euro schon überwiesen?«

»Ich dachte 120?«

»Feiertagszuschlag.«

»Welcher Feiertag? Heute ist doch ein ganz normaler Dienstag.«

»Richtig. Aber nicht nach dem buddhistischen Mondkalender. Heute ist … äh …«

»Ja?«

»Bramagunsappta. Das mongolische Erntedankfest.«

»Okay. 150. Meinetwegen. Bitte, treten Sie schnell mit Bruno in Kontakt.«

Ich betätigte die Klospülung. »Hören Sie ein Rauschen?«

»Ja!«

»Dann steht die Leitung.«

»Und jetzt?«

Tja, was jetzt?, dachte ich. Keine Ahnung. Was sagen diese Heiler-Typen? »Ich sehe ein Licht«, sagte ich.

»Wieso ein Licht?«

»Sorry. Eine Lichtung.«

»Wo ist diese Lichtung?«

Gute Frage. Wo ist die blöde Lichtung?, dachte ich. »Dort, wo der Fluss den Berg berührt.«

»Was? Wir wohnen doch in der Stadt.«

Richtig. Trottel, verdammter. Ich drückte schnell auf die Toilettenspülung. »Die Bilder werden leider sehr unscharf. Die Leitung hängt im Chakra fest.«

»Oh. Und da kann man nichts machen?«

»Ich könnte versuchen, die Chakren zu entstören. Aber heute, am Feiertag ...«

»200 Euro! Los, machen Sie schon!«

Ich klopfte mit der Klobürste ein paarmal gegen das Abwasserrohr. »So, manchmal setzt sich Chakrenkalk zwischen die Karma-Module. Aber jetzt sollte es wieder laufen. Ich sehe da einen kleinen, getigerten Schatten.«

»Bruno!«

»Er spricht zu mir.«

»Was sagt er?«

»Ruhe bitte! Das ist der entscheidende Moment!«

»En ..., Ente ..., Entele«, stammelte ich.

»Entele?«

»Ruhe! Enteleb ..., Entenleber! Klar und deutlich. Er brüllt es mir fast ins Ohr.«

»Sein Lieblingsessen. Bruno! Wo ist er? Fragen Sie ihn, wo er ist!«

»Würde ich ja gerne.«

»Tun Sie es!«

»Mir sind leider die Hände gebunden. Dreißig Minuten sind um. Damit ist der Heiler-Basistarif abgelaufen. Sie könnten natürlich jetzt den Heiler-Higher-Energy-Plus-Tarif aktivieren.«

»300 Euro, okay?«

»Sie vergessen schon wieder den Feiertag.«

»400? Sie sind ja irre, Mann!«

»Ich sehe auch einen Stein.«

»Auf dieser Lichtung?«

»Selbstverständlich. Jetzt ergibt auch alles einen Sinn. Ich weiß endlich, wo Bruno ist. Auf einer Lichtung in … Liechtenstein!«

»In Liechtenstein? Wollen Sie mich verarschen?«

»Wenn Sie es noch genauer wissen wollen, müssten Sie sich jetzt für den HPZ entscheiden, den Heiler-Präzisions-Zuschlag. Plus Feiertags …«

Plötzlich war die Leitung tot.

Meine Frau hatte aufgelegt.

In den Tagen nach diesem denkwürdigen Telefonat passierten zwei Dinge: Erstens, Bruno tauchte wieder auf. Heißt: Ich brachte ihn aus dem Keller zurück in unsere Wohnung. »Ein Wunder!«, rief ich und hoffte, dass meine Frau zukünftig jegliche Form von übernatürlichen Kräften nur noch mit einem Mann verbinden würde: mit mir.

Zweitens: Das spirituelle Leben meiner Frau erlahmte. Als

ich vorschlug, wegen ihres Heuschnupfens doch mal einen Heiler zu kontaktieren, reagierte sie distanziert und sagte irgendwas von »Abzocke« und »Liechtenstein«.

Ach, es ist ein wunderbares Gefühl, wenn ein geliebter Mensch endlich wieder in den Hafen der Vernunft zurückkehrt. Na ja, so dachte ich, bis ich zwei Wochen später die Energiesteine aus dem Himalaja in unserer Wasserkaraffe entdeckte.

Steh auf, wenn du ein Penis bist!

Es war eine Sommernacht, wir lagen küssend im Bett, bereit für die Liebe, bereit für die Lust. Na ja, so dachte ich jedenfalls. Nur leider regte sich nichts. Da unten. Bei Ihm.

»Ich glaube, Er schläft noch«, sagte meine Frau und bemühte sich nun mit großer Raffinesse, Ihn zum Aufstehen zu bewegen, während ich auf dem Rücken lag und angestrengt versuchte, irgendwelche erotischen Fantasien heraufzubeschwören. Scarlett Johannson. Sophie Marceau. Melania Trump. Die High Heels von Melania Trump. Ja, was? In solchen Momenten muss man mit einfachen, starken Reizen arbeiten.

Aber es half alles nichts. Er schlummerte wie ein warmes, weiches Tier zwischen meinen Beinen. Fast glaubte ich, ein leises Schnarchen zu hören.

»Ist doch nicht schlimm«, sagte meine Frau und schmiegte sich an mich, wofür ich ihr sehr dankbar war.

Aber natürlich war es schlimm.

In den folgenden Wochen verhielt Er sich weiterhin unberechenbar und divenhaft. Mal stand Er, mal nicht. Mich machte das unsicher und verspannt. Das Problem ist: Wenn es einmal nicht funktioniert, steigt die Angst, es könnte auch beim nächsten Mal nicht funktionieren, und diese Angst führt dazu, dass es nicht funktioniert, obwohl es doch funktionieren könnte. Verstehen Sie?

Jedes Mal, wenn Sex in der Luft lag, schickte ich schnell ein kleines Stoßgebet zu Ihm. »Lieber Schwanz/Ich weiß: Du kannst!/Reck deinen kahlen Kopf empor/Werd hart wie ein Kanonenrohr!« Blieb Er trotzdem liegen, sagte ich zu meiner Frau: »Im Büro ist gerade die Hölle los.« Manchmal tat mir auch der Kopf weh. Oder der Rücken. Dann schmiegte sie sich wieder an mich, wir sagten nichts, und ich hoffte, sie würde meine Scham und meine Lügen nicht bemerken.

Als sich die Sache mit Ihm nicht besserte, gab ich das Wort »Erektionsstörung« im Internet ein und ermahnte mich, später unbedingt den Suchverlauf zu löschen. Ich las dann zum Beispiel den Satz: »Jeder zweite Mann über vierzig hat gelegentliche Erektionsprobleme.« Fast wäre ich zu meiner Frau gerannt, hätte sie umarmt und gerufen: »Liebling, ich bekomme manchmal keinen hoch. Aber die anderen Männer auch nicht! Juchhu!«

Im Internet wurden auch vielfältige Lösungen angeboten, um Ihn wieder fit zu machen. Knoblauch, Ginseng und Rosmarin sollten helfen. Besonders empfohlen wurde Yohimbi, ein aus der Rinde des afrikanischen Yohimbé-Baums gewonnenes Pulver. Ich fand den Gedanken seltsam, afrikanische Baumrinde zu essen, aber wenn der Leidensdruck nur hoch genug ist, würde ich auch ohne zu zögern an den Brustwarzen eines mongolischen Frosches lecken.

Leider blieb Yohimbi völlig wirkungslos.

Anscheinend musste ich zu härteren Mitteln greifen: Viagra. Die blaue Zauberpille. *Daddy's little helper*. Aber war ich wirklich schon im Viagra-Alter? Mit 48? Ich stellte mir eher Männer jenseits der siebzig vor, in karierten Schlafanzügen und mit altersfleckiger Haut, die mit letzter Tinte noch einmal durch den Garten der Lüste streifen wollten. Was mich abschreckte, war auch das Wort »rezeptpflichtig«. Ich müsste zum Arzt gehen und dort in allen traurigen Facetten mein Problem schildern. Mein männliches Versagen – so empfand ich es. Aber ich wollte nicht darüber reden. Mit niemandem.

Einmal war ich kurz davor, meine Scham zu überwinden. Ich rief in der Arztpraxis an, ließ mir einen Termin geben. Doch dann träumte ich in der Nacht, wie ich mit heruntergelassenen Hosen vor dem Arzt stehe, der durch die offene Tür ins Wartezimmer ruft: »Kommt mal alle schnell her!« Kurz darauf ist das Sprechzimmer voll, Patienten und Schwestern drängeln sich um mich, starren auf Ihn und singen: »Steh auf, wenn du ein Penis bist! Steh auf!«

Dazu klatschen sie im Takt.

Natürlich bekommt man Viagra im Internet auch ohne Rezept. Jedenfalls irgendwas, das Viagra heißt. Eine Firma warb für die Pille mit den Worten: »Ästhetischer Aussehen, angenehmes Geschmack, angenehmes Geruch, Wasser ist nicht nachzutrinken. Seien Sie immer bereit!« Zudem sollte der »Expressversand« zehn Tage dauern. Das machte mich stutzig. Womöglich kam der Stoff aus einem dunklen Wäldchen in der Ostukraine, wo die zwei kettenrauchenden Mitarbeiter der »Original Viagra«-Produktion in einer windschiefen Baracke sitzen und aus Fischhäuten, Sägespänen und radioaktivem Abfall blauschimmernde Tabletten zusammenrühren. Und wenn man sie dann schluckt, wachsen einem plötzlich riesige Haarbüschel auf dem Rücken.

Nicht mit mir.

Schließlich entdeckte ich eine Sache, die vertrauenswürdig und zugleich verheißungsvoll klang: Beckenbodentraining. Die Beckenbodenmuskulatur, so erfuhr ich, befindet sich zwischen dem Hodensack und dem Anus und kann mithilfe einfacher Übungen gestärkt werden. Im Endeffekt werde dadurch die Erektionsfähigkeit verbessert.

Mich sprach die Idee sofort an, diese geheimnisvollen Beckenbodenmuskeln zu trainieren, denn das hieß ja: Er war nicht krank oder altersschwach, sondern nur muskulär ein bisschen außer Form geraten.

Ich begann mit der Anfängerübung. In der Anleitung hieß es: »Stellen Sie sich vor, Sie halten ein Geldstück zwischen den Gesäßmuskeln. Versuchen Sie einen so starken Druck auszuüben, als ob Sie die Münze prägen wollten.«

Das tat ich. Mehrmals am Tag. Beckenbodentraining ist ein unsichtbares Work-out ohne Geräte, also legte ich mich überall ins Zeug. Im Büro. In der Schlange im Supermarkt. Auf der Straße, während ich einer Touristin den Weg zeigte. Ich prägte einen Haufen Geldstücke mit meinem Arsch, ähnlich wie der Goldesel im Märchen. Ich weiß nicht mehr, wie ich mir mit Anfang zwanzig mein Leben mit Ende vierzig vorgestellt habe. Aber ich vermute: ganz anders.

Trotz des Trainings stellten sich erektionsmäßig kaum Verbesserungen ein. Er blieb im Bett eine Diva. Meine Verunsicherung wuchs und mit ihr meine Wut. »Warum tust du mir das an, du mieser Schlappschwanz!«, fluchte ich eines Abends. »Warum kannst du nicht einfach … funktionieren?«

Es tat gut, den Frust mal rauszulassen. Aber plötzlich hörte ich eine Stimme. Sie sagte: »Nicht in diesem Ton!« Er streckte sich in die Höhe, bog sich Richtung Bauch, sodass ich Ihm direkt ins, tja, Gesicht schaute.

»Du … sprichst?«, fragte ich.

»Ungern«, sagte Er. »Die verdammte Vorhaut stört. Nuschle ich sehr?«

»Ein wenig«, sagte ich.

Er nuschelte unheimlich stark. Die Vorhaut öffnete und schloss sich beim Sprechen wie das Maul eines Karpfens. »Was soll der Quatsch? Warum presst du die ganze Zeit deinen Arsch zusammen wie eine verängstigte Jungfer?«, fragte Er.

»Beckenbodentraining«, sagte ich. »Damit du wieder in Form kommst.«

»Ich bin in Form!«, sagte Er. »Was mir allerdings fehlt, sind Wertschätzung und RESPEKT. Ein mieser Schlappschwanz – das bin ich für dich?«

»Tut mir leid, ich war wütend«, sagte ich. »Entschuldigung.« Angesichts meines Problems hielt ich es für klug, Ihn nicht weiter zu verärgern.

Er schwieg. Offensichtlich beleidigt.

»Komm schon, ich habe mich entschuldigt«, sagte ich.

Er schwieg.

»Was willst du noch hören? Dass du der schönste, tollste Schwanz der Welt bist?«

»Wäre ein Anfang«, sagte Er.

»Okay. Du bist großartig. Weltklasse. Der Lionel Messi unter den Schwänzen. Kannst du jetzt endlich wieder deinen Job machen?«

»Wie heißt das Zauberwort?«, fragte Er.

»Kannst du endlich wieder deinen Job machen? BITTE.«

»Na, geht doch.«

Dann schwieg Er wieder. Wahrscheinlich war das ein Psychotrick von Ihm. Er wollte mich zappeln lassen. Mürbe machen. Zeigen, wer hier der Boss ist.

»Das heißt, ich kann demnächst wieder mit zuverlässigen Erektionen rechnen? Richtig?«, fragte ich vorsichtig.

»Falsch«, sagte Er.

Wieder Schweigen. Langsam ging Er mir auf die Nerven. »Seit 48 Jahren bin ich schon Schwanz. Eine verdammte Ewigkeit«, sagte Er schließlich und ließ den Kopf etwas hängen.

»Willst du meine Meinung hören?«, sagte ich.

»Habe ich eine Wahl?«, sagte Er.

»Du hast den besten Job der Welt. Erigieren, penetrieren, ejakulieren ...«

»Es war der beste Job der Welt. Früher«, unterbrach Er mich. »Heute ist deine Prostata so groß wie ein Golfball, das Testosteron reicht gerade noch für 'ne halbe Morgenlatte, und die Harnröhre ist auch verkalkt. Da eine Ladung Spermien durchzukriegen, ist, als versuche man Kokosnüsse durch einen Strohhalm zu saugen. Und Dankbarkeit dafür, dass ich den Laden hier unten noch halbwegs zusammenhalte, gibt's auch keine. Stattdessen rufst du beim Sex: ›Ich komme!‹ ICH! Als wäre das deine Leistung.«

»Tut mir leid«, sagte ich und fühlte mich schlecht. Egoistisch. Der banale Gedanke, dass Er natürlich auch älter wurde, war mir nie in den Sinn gekommen.

»Früher hat mich fast alles scharf gemacht«, sagte Er. »Die Stimme von Sinéad O'Connor, das Wort Hochsteckfrisur oder Vanilleeis.«

»Vanilleeis?«, sagte ich.

»Ach, ich mochte den Geruch von Vanille. Jeder Schwanz hat seinen Fetisch. Na ja, hatte ...«

Anscheinend befand Er sich in einer Art Sinnkrise. Auch ein Schwanz ist eben nur ein Mensch, dachte ich.

»Diese ganze Monogamie-Sache ist natürlich auch keine Hilfe für mich«, sagte Er nachdenklich. »Wie lange bist du jetzt schon verheiratet?«

»Bald zwanzig Jahre.«

»Echt? Kommt mir länger vor. Ich meine, ich mag Amelia de la Rosa, sie ist wunderbar. Aber zwanzig Jahre ...«

»Wer ist Amelia de la Rosa?«

»Du weißt nicht, wie die Vagina deiner Frau heißt?« Er stöhnte auf und schüttelte entsetzt das Köpfchen. »Eigentlich heißt sie Anke. Aber das turnt mich nicht an. Also nenne ich sie Amelia de la Rosa. Gefällt ihr auch gut. Ich bin übrigens Uwe.«

»Uwe de la Rosa?«

»Nee. Nur Uwe.«

»Hör zu, Uwe. Ich brauche dich. Es geht um meine Potenz. Um meine Männlichkeit.«

»Um deine Männlichkeit? Das ist das Dämlichste, was ich je gehört habe!«, sagte Er und lachte. Die Vorhaut flatterte hin und her.

»Bitte, Uwe«, bettelte ich. »Wie kann ich dir helfen? Brauchst du Viagra?«

»Keine Macht den Drogen! Nie was von Schwanz-Ehre gehört?«

»Pornos vielleicht? Als Scharfmacher?«

»Die riesigen Porno-Schwänze sind ganz schlecht für mein Selbstbewusstsein«, sagte Er und machte sich gleich ein Stück größer.

»Ein aufmunterndes Gedicht? Lieber Uwe/Du ... bist schöner als der Louvre/Deine Haut wie Alabaster/morgen gibt es Pasta.«

»Bitte! Hör auf!«, sagte Er. »Ich brauche nichts. Will nichts. Außer: Dass du akzeptierst, was nicht zu ändern ist.«

»Nicht zu ändern?«

»Mein Freund, bald bist du fünfzig. Plötzlich sechzig. Und dann siebzig. Was glaubst du, wie das hier läuft? Dass ich bis in alle Ewigkeiten für dich strammstehe?«

»Ehrlich gesagt: Ja.«

In meiner Vorstellung gab es zwar das Alter und den Alterungsprozess. Meine Sexualität aber war auf wundersame Weise davon nicht betroffen. Null. Vielleicht hatte ich zu viele Filme gesehen, zu viele Bücher gelesen, in denen ältere Männer mit großer Selbstverständlichkeit vorzugsweise junge Frauen verführten. Von Erektionsschwächen war da nie die Rede. Nur von der »Manneskraft«, die nie versiegt.

»Irgendwann will ich kürzertreten«, sagte Er. »Manchmal denke ich bereits daran, wie schön das wäre: Vorruhestand.«

»Bitte keinen Vorruhestand!«

»War ein Witz. Mein Gott, du bist so verspannt, schwanzmäßig. Du musst die Sache auch mal positiv sehen.«

»Positiv? Fällt mir schwer.«

»Vor ein paar Tagen sprach ich mit einem sehr alten Schwanz. Auf der Restauranttoilette. Bisschen Small Talk. Er war sechzig oder siebzig, keine Ahnung. Jedenfalls sah sein Schamhaar aus wie der Schopf von Gandalf dem Grauen. Wir hingen über dem Pinkelbecken, und ich fragte: ›Wie läuft's?‹ Er sagte: ›Heute noch besser als morgen.‹ Wir lachten, aber ich dachte: Der sehr alte Schwanz hat völlig recht. Von der Zukunft aus betrachtet, ist die Gegenwart doch gar nicht so schlecht.«

65

»Und?«, sagte ich. »Das ist alles? Heute ist es besser als morgen?«

»Ich bin ein Schwanz, kein Philosoph.«

Dann stöhnte Er plötzlich auf, krümmte sich etwas und sagte, Er müsse jetzt leider Schluss machen. Er bekomme immer Rückenschmerzen, wenn Er zu lange stehe. Sekunden später lag er bereits schlafend im hohen Gras.

Das alles ist jetzt knapp zwei Monate her. Ich habe Ihn seitdem nie wieder gesprochen. An guten Tagen versuche ich, mir seinen Rat zu Herzen zu nehmen. Ich freue mich über jede Erektion und verhalte mich angemessen dankbar. An schlechten Tagen setze ich mein Training fort und präge wütend Geldstücke.

An ganz schlechten Tagen aber lege ich eine kleine Vanillestange in meine Unterhose und summe leise »Nothing Compares 2 U« von Sineád O'Connor. Kann ja nicht schaden. Oder?

TIPPS & TRICKS

für die Alterspubertät

Das Geschenk

Eine der heikelsten Fragen in der Alterspubertät lautet: Was schenke ich meinem Partner zum Geburtstag? Alterspubertiere haben ja schon mindestens vierzig Geburtstage und ein konsumreiches, halbes Leben hinter sich und besitzen deshalb mehr Kram als nötig. Viele Alterspubertiere leiden zudem unter einer großen Wunschlosigkeit. Fragt man sie, was ihnen Freude bereiten würde, schauen sie einen oft nur ratlos an. Andere beginnen spontan zu weinen, weil ihnen das Wort »Freude« so fern und fremd erscheint.

Verschärfend kommt hinzu, dass die Alterspubertät auch eine Zeit der Zweifel ist. Vor allem der Selbstzweifel. Schenkt man seiner Frau einen Push-up-BH, so könnte diese argwöhnen, man hielte ihre Brüste für zu klein. Schenkt man seinem Mann das »Low Carb Vegetarisch Kochbuch«, so wird er dies als subtile Botschaft verstehen, die lautet: Engagiere dich mehr in der Küche, überdenke deine wurstlastige Ernährung und schmelze schnell 30 Kilo Körperfett ab. Oder ich verlasse dich!

Was kann man also tun? Nun, zunächst gilt es, die Problemlage zu analysieren. Menschen in den mittleren Jahren leiden an vielen Dingen – aber besonders häufig an einer galoppierenden Geräuschempfindlichkeit. Alterspubertiere reagieren gereizt auf plötzlich einsetzenden Lärm, auch permanente Hintergrundgeräusche werden als unerträglich empfunden.

Leider lassen sich Lärmquellen im Alltag nicht immer umgehen. Oder eliminieren. Es gilt zum Beispiel als illegal, ein stundenlang brüllendes Kind während eines Langstreckenfluges einfach im Gepäckfach zu verstauen. Zum Glück gibt es aber eine kleine Wunderwaffe, die man jedem Alterspubertier nur ans Herz legen kann: geräuschunterdrückende Kopfhörer. Im Fachgeschäft auch »Noise-Cancelling Headphones« genannt. Unter ästhetischen Gesichtspunkten sind diese Kopfhörer kein Gewinn, die riesigen Ohrmuscheln verdecken das halbe Gesicht. Aber egal. Das Gesicht ist ohnehin nicht mehr die starke Seite des Alterspubertiers.

Man kann die Kopfhörer in der Bahn, im Bus, im Flugzeug, auf einer öden Konferenz über die Zukunft der SPD oder während eines Ehestreits aufsetzen, die Augen schließen – und wegdösen. Diese Kopfhörer sind wie ein warmes Nest, wie eine Zeitkapsel, eine Reise ins Traumland. Von der lauten, nervenden, fordernden Welt da draußen bleibt nicht mehr als ein schläfrig machendes Rauschen übrig.

Besonders schön ist es natürlich, wenn man die Stille als Paar erlebt und beide Ehepartner gleichzeitig lärmschluckende Kopfhörer tragen. Wie viele unnötige Gespräche man sich spart! Wie herrlich es ist, nach einigen Wochen oder Monaten oder Jahren wieder den ersten Worten des anderen zu lauschen! Paartherapeutisch gesehen sind solche Kopfhörer das Beste, was man tun kann, für alle, die eine lange, harmonische Beziehung anstreben.

Ist die Alterspubertät irgendwann vorbei, kann man auf die Kopfhörer auch wieder verzichten. Im Idealfall setzt aber mit dem sechzigsten Geburtstag ohnehin eine schleichende Alterstaubheit ein, sodass es einen fließenden Übergang gibt – vom geräuschunterdrückenden Kopfhörer hin zum geräuschverstärkenden Hörgerät.

Das Essen

In der Alterspubertät glauben viele Menschen, ihre Ernährung umstellen zu müssen. Es scheint ein starker, innerer Drang zu sein, vermutlich befeuert vom Wunsch nach Unsterblichkeit. Manche Alterspubertiere werden Vegetarier, andere schwören plötzlich auf sogenanntes Superfood und knabbern Chia-Samen, Goji-Beeren oder Spirulina-Algen.

Das mag alles sehr gesund und vernünftig sein, aber die große Freude wird sich nicht einstellen. Gerade in der Alterspubertät ist aber Freude ganz wichtig. Außerdem: Algen gehören ins Meer und nicht in mittelalte Bäuche.

Fragt man erwachsene Menschen, was die Lieblingsgerichte ihrer Kindheit waren, dann werden immer wieder genannt: Spaghetti Bolognese, Hamburger, Lasagne, Buletten, Klopse. Allein schon dieses ungemein wohlige Wort: KLOPSE. Wenn man fünfmal hintereinander ganz langsam »Klopse« sagt, fühlt man sich gleich viel besser. Klopse-Sagen ist schöner als Yoga.

Viele von uns erleben eine glückliche Hackfleisch-Kindheit und führen später ein strenges Pastinaken-Bulgur-Erwachsenenleben. Warum? Seit Jahren setzen Lobbygruppen, angeführt von Veganern und extremistischen Rohköstlern, alles daran, den Ruf des Hackfleisches zu diskreditieren. Als billig, ungesund, unökologisch. Vermutlich gibt es heute kein anderes Lebensmittel, das heimlich so begehrt und öffentlich so verpönt ist. Schade. Denn Hackfleisch hat einen ganz feinen Charakter: lebensbejahend, ehrlich, wertkonservativ. Nicht ohne Grund wird es von Kindern geliebt. Ein Poet würde sagen: Hackfleisch ist Materie gewordene Kinderseele.

Das führt uns zurück zur Alterspubertät. Trauern wir nicht gerade jetzt unserer kindlichen Unbekümmertheit nach, unserer vor Mut strotzenden Jugend? Empfinden wir nicht gerade in den mittleren Jahren die größte Langeweile ob unserer ständigen Vernunft und Kontrolle?

Hackfleisch ist ein Bekenntnis. Wer Hack isst, der hat keine Angst davor, was andere sagen. Für Hackfleischesser ist kein Weg zu weit, kein Traum zu groß. Martin Luther King, Rosa Luxemburg, Christoph Kolumbus, Zorro, Pippi Langstrumpf – sie alle wären heute stolze Hackfressen.

Bei der Zubereitung von Hackfleischgerichten sollte man sich Zeit lassen. Wichtig ist, das Hack zu zelebrieren. Ein erster erhebender Moment ist gekommen, wenn die Hände in den Hackberg greifen und das Eigelb und die grob geschnittenen Zwiebeln in das rubinrote Fleisch einmassieren. Achten Sie auf die Textur, die korallenförmigen weißen Einschlüsse, die extreme Schmackofatzigkeit, die so ein Hackberg ausstrahlt.

Und wenn später das Hack in der Pfanne brät, wenn die krossen und zugleich schlunzig-saftigen Stücke duftend vor Ihnen liegen, dann wissen Sie: Das Leben ist schön.

Aber auch als medizinisches Hausmittel sollte Hack in keinem Alterspubertier-Haushalt fehlen. Mittelohrentzündung? Ein Kügelchen Hack im Gehörgang wirkt antibakteriell und antientzündlich. Und sind die neu gekauften Schuhe ein, zwei Nummern zu groß – Hack macht alles passend. Deshalb zum Schluss nun eine kleine, sehnsüchtige »Ode an das Hack«:

Hat dein Haus ein Loch im Dach / stopf's mit Hack
Hat dein Kind ein Loch im Kopf / stopf's mit Hack
Springt das Glas aus deiner Brille / stopf's mit Hack
Hat aber das Hack ein Loch – was dann?
Was bleibt dann noch?
Stopf's mit Zwiebeln!
Stopfe Zwiebeln ins Hack.

Der Song

An dieser Stelle sollte man ehrlich sein: Mit einem einzigen Song kommt niemand durch die Alterspubertät. Da braucht es schon mehr.

Erinnerst du dich? Damals, in der Pubertät, war ein Mixtape eine großartige Sache. Man bekam es geschenkt oder verschenkte es selbst – eine Kostbarkeit. Ein gutes Sechzig-Minuten-Mixtape half gegen Liebeskummer, Elternstress, Liebeskummer, die nervenden Lehrer, Liebeskummer, das endlose Warten auf den ersten Sex, Liebeskummer, das Gefühl, zu dick, zu unbeliebt oder zu verpickelt zu sein – und gegen Liebeskummer. Ein Mixtape war wie ein Trostpflaster, das sich auf die aufgewühlte Teenagerseele legte.

Irgendwann wurden die Teenager erwachsen, Kassettenrekorder kamen aus der Mode, und jetzt stehen wir hier: verwirrt, nostalgisch, glatzköpfig, oft gestresst, zuweilen deprimiert, sehnsüchtig. Und plötzlich ist ganz klar: Wir brauchen wieder ein verdammtes Mixtape!

Die folgenden, sorgsam ausgewählten Songs sollen dem Alterspubertier Trost, Hoffnung, Spaß und das Gefühl von gut gereifter Sexyness schenken. Natürlich kann man die Songs einzeln hören. Aber die volle Trost-Wirkung entfaltet ein Mixtape traditionell immer nur am Stück.

1. Kings of Leon: *Sex on Fire*

Gleich zum Start holen wir uns jede Menge Selbstbewusstsein: »*You, your sex is on fire*«, heißt es im Refrain. Stell dich vor einen Spiegel (nackt oder bekleidet, entscheide selbst) und forme diese Worte immer wieder. Das ist dein Mantra! Zeige dabei lässig auf den Mann/die Frau im Spiegel!

2. Peter Fox: *Schüttel deinen Speck*

Du stehst vor dem Spiegel und bist gehemmt? Fühlst dich übergewichtig, außer Form, like a Wackelpudding? Unsinn. Du bist schön! Schüttel deinen Speck! Schüttel Bug und Heck! Dein Tisch ist gut gedeckt!

3. Billy Idol: *Dancing With Myself*

Pack jetzt die Luftgitarre aus. Du hast keine Luftgitarre? Bitte, kauf dir schnell eine. Kostet ja nicht viel. Ein Alterspubertier ohne Luftgitarre ist ein total verlorenes Wesen. So wie ein Einhorn ohne Horn.

4. Bryan Adams: *Summer of '69*

Nostalgie hat keinen guten Ruf. Aber Nostalgie ist toll, wunderbar tröstlich. Jeder hatte seinen *Summer of '69*, auch wenn es ein *Sum-*

78

mer of '74 oder ein *Summer of '87* gewesen sein mag. Denke zurück an die Unbeschwertheit dieser Tage. Wälze dich wie ein Kätzchen in der wärmenden, wohlig-duftenden Nostalgiekiste. Es tut sooo gut. Und dann singe laut mit: »*... the best days of my life*«. Yeah.

5. Frankie Goes to Hollywood: *Relax*

Mal wieder im Stress? Mal wieder schlecht drauf? *Relax.* Denke bitte nicht daran, zur Entspannung ein überteuertes Wellness-wochenende mit Stirnhöhlenguss und Roibuschtee zu buchen. *Relax.* Denke lieber an die Achtzigerjahre. Denke an die Schul-disco. Dieser Zauber! Denke an Frankie und die *Bravo*-Poster über deinem Bett. Denke an den Geschmack von Zahnspangen beim Küssen. *Relax.*

6. Pet Shop Boys: *What Have I Done to Deserve This?*

Gute Frage. Womit habe ich das verdient? Tja, keine Ahnung. Gott hat sich die Alterspubertät nun mal ausgedacht. Und er ist der Boss. Selbstmitleid hilft da nicht weiter. Viel entschei-dender ist doch die Frage: »*How am I gonna get through?*« Wie stehe ich das durch? Beten ist eine Möglichkeit.
Die andere: Song Nr. 7

7. Depeche Mode: *Enjoy the Silence*

Früher haben die Großeltern mit dem Satz genervt: »In der Ruhe liegt die Kraft.« Vor allem beim Mikado-Spielen. Heute weißt du: In der Ruhe liegt nicht nur Kraft, sondern auch sehr viel Schönheit. Wenn du also gern im Park spazieren gehst und dort Weißbrotbröckchen in den Ententeich wirfst oder am Meer die Möwen fütterst und daran eine ungewohnte, fragwürdige Freude empfindest – schäme dich nicht. *Enjoy the silence.*

8. Rödelheim Hartreim Projekt: *Höha, schnella, weita*

Oft fragt sich ein Alterspubertier, zum Beispiel beim Fußball: Habe ich es eigentlich noch drauf? Sind die Jungen nicht viel besser? Ja, das sind sie. Aber du hast Erfahrung. Routine. Ein gutes Stellungsspiel. Du spielst mit Auge. Vor allem aber bist du breit in der Hüfte, breit am Po, breit überall – an dir kommt kein Stürmer vorbei. Du bist dicka, älta, heißa, altersweitsichtiga!

9. Enrique Iglesias: *Hero*

Ach, noch einmal ein Held sein. Deine Frau retten, durchs Feuer tragen. Oder wenigstens: vom Wohnzimmer ins Bett. Ohne Bandscheibenvorfall.

»*I can be your hero, baby. I can kiss away the pain.*« Die Wahrheit ist: Nie wieder wirst du auch nur annähernd so gut aussehen wie Enrique Iglesias im Video zu *Hero*. Das ist vorbei. Aber du kannst ja immer noch: »*Kiss away the pain.*« Konzentriere dich einfach aufs Küssen, Hero!

10. The Verve: *Bitter Sweet Symphony*

Bitter und süß, ja. So ist das Leben. Achte darauf, dass das Mischungsverhältnis einigermaßen stimmt. Dass DU nicht zu bitter wirst. Zynische Alterspubertiere gibt es schon so viele. Es ist wie beim Wein, verstehst du? Man darf nicht umkippen.

11. Nirvana: *Smells Like Teen Spirit*
Völlig egal, was die anderen sagen. Völlig egal, dass du nicht mehr nach *teen spirit* riechst, sondern nach irgendeinem Herrenduft mit Moschusnote oder holzigem Amber-Akkord. Völlig egal, dass man mit Glatze streng genommen nicht headbangen kann. Du musst jetzt headbangen!

12. Oasis: *Don't Look Back in Anger*
Zum Schluss ein Song, der so schön und weise ist, dass man weinen könnte. Wann immer du dich schlecht fühlst, allein, alt, ungeliebt oder auch nur: völlig betrunken auf einer Silvesterparty. Dieser Song wird dir helfen. Immer. So wie auch Aspirin, Gin Tonic und das Buch *Tschick* immer helfen. Und wenn du irgendwann wirklich alt bist, ein silbergraues, gebeugtes Großväterchen/Großmütterchen und auf dein langes Leben ohne Zorn zurückblickst, dann: Herzlichen Glückwunsch! Gut gemacht.

Bonustrack:
Al Bano & Romina Power: *Felicità*
Ein Schlager? So uncool? Ja, sicher. Eine der wenigen echten Vorzüge der Alterspubertät ist es, nicht mehr cool sein zu müs-

sen. Nun endlich kannst du ganz offen und ohne jedes Scham-
gefühl zugeben, dass du diesen Song schon immer sehr gemocht
hast. *Felicità!*

Die Droge

Eine oft gehörte Klage unter Menschen mittleren Alters lautet: »Früher habe ich aber mehr vertragen.« Nach einer Party, einem fünfzigsten Geburtstag oder einem hundsnormalen Kneipenbesuch fühlt sich das Alterspubertier meist sehr zerschlagen und wundert sich, warum der Abbau des Restalkohols so langsam und schmerzhaft verläuft. Manche Alterspubertiere schwören in diesem geschwächten Zustand, zukünftig weniger oder gar keinen Alkohol mehr zu trinken. Das ist verständlich. Aber wenig durchdacht.

Es mag Lebensphasen geben, in denen es ratsam ist, seinen Alkoholkonsum zu reduzieren. Aber bitte nicht in der Alterspubertät. Wenn das Leben routiniert und arm an Höhepunkten dahinfließt, sollte man auf keinen Stimmungsaufheller verzichten. Die Frage lautet also nicht, ob man trinkt. Sondern eher wie. Und vor allem was.

Was das Wie betrifft: Vermeiden Sie alkoholfreie Wochen oder gar Monate. Das bringt den Körper nur durcheinander. Am besten ist ein tägliches, maßvolles Training. Oder anders gesagt: Die goldene Regel — halt den Pegel.

Für manchen mag das grob und unwissenschaftlich klingen. Aber es gibt einen wunderbaren Satz des großen Harald Juhnke, der die maßvolle Seite des Trinkens leider etwas vernachlässigte. »Was ist Glück?«, wurde Juhnke gefragt. Antwort: »Keine Termine und leicht einen sitzen.« Und das stimmt!

Auch in der langjährigen Ehe zweier Alterspubertiere kann der gepflegte Pegel ein wirksames Mittel sein, um Zwistigkeiten, Argwohn, Grundsatzdebatten und Langeweile zu vermeiden. Wann ist der richtige Pegel erreicht? Dafür gibt es einen einfachen Selbsttest: Spüren Sie beim Anblick Ihres Partners Aggressionen? Haben Sie das Gefühl, Ihr Partner hätte Ihnen die besten Jahre gestohlen, möglicherweise sogar Ihr ganzes Leben versaut? Dann ist es höchste Zeit für ein Gläschen.

Sehr viel anspruchsvoller ist es aber, den Pegel stabil zu halten, sodass man weder in die desillusionierende Nüchternheit zurückkehrt noch dem Delirium verfällt. In diesem Zusammenhang hat sich ein Getränk als besonders praktisch und effizient erwiesen: Eierlikör. Ich weiß, was Sie denken: Eierlikör? Echt? Diese Einstiegsdroge für Jugendliche, dieses Getränk für Omas aus der Provinz, die sich billig einen »zwitschern« wollen? Zugegeben, der Ruf des Eierlikörs ist nicht glamourös. Zur Erinnerung: Der Ruf des Alterspubertiers ist auch nicht glamourös. Und die Fakten sprechen ganz klar für den Eierlikör als ideales Rauschmittel in den mittleren Jahren.

Mit einem Alkoholgehalt von etwa 20 Prozent ist Eierlikör

ein guter Kompromiss zwischen Wein und Schnaps. Seine dick-
flüssige Konsistenz verleitet eher zum Nippen oder Schlecken
als zum Trinken, sodass eine gleichmäßige, aber nicht übertrie-
bene Alkoholzufuhr gewährleistet ist. Ganz nebenbei trägt der
Eierlikör zu einer ausgewogenen Ernährung bei. Ei, Eigelb, Ei-
weiß, bisschen Küken. Alles drin. »Drei Eier am Tag halten fern
das Grab« – jeder Internist kennt diesen Schlüsselsatz der mo-
dernen Medizin. Im Eierlikör sind pro Liter acht Eier (!) enthal-
ten. Mehr Vorsorge geht nicht.

Leider sind es vor allem alterspubertierende Männer, die
den Genuss von Eierlikör verweigern. Zuweilen verunglimpfen
sie ihn als »Damengetränk«. Liegt es an der markanten Süße?
An der erotischen Schleckbewegung, mit der die Zunge durch
das Likörglas streift? Was diese tumben Männer nicht wissen:
Eierlikör ist eine Art natürliches Aphrodisiakum. Das im Eigelb
enthaltene Zink stimuliert die Produktion von Testosteron,
und Testosteron ist gut für die Potenz, sodass während der gemeinsamen Likörschleckerei auch andere Schleckereien möglich sind. Männer, ein ewiges Drama, wissen oft nicht, was gut
für sie ist.

Eierlikör lässt sich mit absolut nichts mixen. Man kann ihn
aber schütteln oder rühren. James Bond würde Eierlikör trinken, *on the rocks*. Oder noch besser: *in the* Schokobecher. Wer
einmal die elegant-süffige Kombination »Eierlikör *meets* Zart-
bitterschokoladenbecher« probiert hat, weiß endgültig, dass es
einen gütigen, wohlmeinenden Gott gibt.

Anmerkung für Veganer und Cholesterin-Allergiker: Eine eierfreie Eierlikör-Alternative, die von mittelalten Drogenrausch-Connaisseuren ebenfalls sehr geschätzt wird, findet man in jedem Supermarkt. Mon Chéri.

Der Film

In den mittleren Jahren setzt bei vielen Menschen eine schleichende Rückwärtsgewandtheit ein. Ganz automatisch und völlig unverschuldet. Man ist einfach nicht mehr so interessiert an
neuen Dingen, die einen oft nur verwirren. Das Internet? Wird
sich als Technologie sowieso nie durchsetzen! Stattdessen ver-
spürt man eine starke Zuneigung zum Altbekannten, Wohlver-
trauten. Sprechen wir es ruhig mal offen aus: Man wird konser-
vativer.

Viele Alterspubertiere beunruhigt diese Entwicklung. Eben
fühlte man sich noch als Speerspitze der Moderne, war stets
der Zukunft zugewandt, wusste auch popkulturell immer ganz
genau, »was läuft«. Und jetzt?

Sitzt man an einem Sonntagnachmittag vor dem Fernseher
und ruft begeistert: »Schatz, komm schnell her! Auf Kabel Eins
läuft wieder *La Boum – Die Fete*! Und bring den Eierlikör mit!«
Ist der altbackene Achtzigerjahre-Filmgenuss dann vorüber,
fühlen sich diese Alterspubertiere oft schlecht wie nach einem
ungesunden Essen. Werden wir etwa wie unsere Großeltern?,

fragen sie angsterfüllt. Schauen wir auch bald *Vom Winde verweht* oder *Die Feuerzangenbowle* in unzähligen Wiederholungen, so lange, bis wir jeden Gag mitsprechen? Pfeiffer mit drei F!

An dieser Stelle nun ein kleiner Rat: Machen Sie sich locker. Das Dümmste, was man tun kann, ist gegen eine Entwicklung anzukämpfen, die sich nicht aufhalten lässt. Sehen Sie stattdessen lieber die Vorteile, ziehen Sie Nutzen aus Ihrem frisch erwachten Konservatismus!

Oft leiden Alterspubertiere zum Beispiel unter Einschlafproblemen. Was hilft? Nun, ungemein beruhigend und schlaffördernd sind alte James-Bond-Filme. Probieren Sie aus falschem Ehrgeiz aber bitte keine neuen James-Bond-Filme! Die Actionszenen müssen uralt sein und ein wenig lächerlich wirken, die Bösewichte in erloschenen Vulkanen leben, die Bond-Girls »Pussy Galore«, »Octopussy« oder »May Day« heißen – nur dann ist ein Bond-Film schlaffördernd. Dazu die wohlige Erinnerung: Wie man als Kind im Schlafanzug auf dem Sofa saß, sich vor Spannung fast in die Hosen machte und schwor: Auch ich arbeite später beim Geheimdienst Ihrer Majestät.

Ähnlich schlaffördernd ist es übrigens, die Sender Phoenix oder ZDFinfo zu schauen. Haben Sie keine Scheu! Das gesamte Programm besteht mehr oder weniger aus Dokumentationen über den Nationalsozialismus. Mit der ewigen Frage: »Was ist denn heute wieder bei Hitlers los?«, lässt es sich hervorragend wegnicken.

Insbesondere vor dem fünfzigsten Geburtstag durchleiden

viele Alterspubertiere auch lange Phasen schwerer Melancholie. Absolut verständlich, denn fünfzig Lebensjahre bedeuten statistisch: Die Hälfte der Show ist längst vorbei. Was hilft? Was tröstet? Was macht diese Erkenntnis erträglich?

Bei Männern: Alte Folgen von *Raumschiff Enterprise*. Bud Spencer in *Sie nannten ihn Mücke*. Alte Folgen von *Magnum*. *Beverly Hills Cop*. *Indiana Jones*. *The Big Lebowski*. *Good Morning Vietnam*. *Ein Fisch namens Wanda*. Monty Pythons' *Die Ritter der Kokosnuß*.

Bei Frauen: Alte Folgen von *Dallas*. Meryl Streep in *Jenseits von Afrika*. *Pretty Woman*. *Grüne Tomaten*. *Rainman*. *Flashdance*. *Dirty Dancing*. Kevin Costner in *Der mit dem Wolf tanzt*. *Bridget Jones*. *Fame – Der Weg zum Ruhm*.

Da die Alterspubertät eine weitgehend humorlose Zeit ist, sofern man nicht über genügend Selbstironie verfügt, ist es ungemein wichtig, Humor aufzunehmen, einzuatmen, in großen Dosen intravenös zu spritzen oder wie auch immer zu konsumieren. In diesem Fall gilt: Viel hilft viel. Aber mehr hilft mehr. Und Gier ist tugendhafter als Bescheidenheit. Humor ist der wirksamste Schutz gegen Altersschwermut. Deshalb möchten wir Ihnen zehn Komödien empfehlen, echte Klassiker, die Sie bitte immer und immer wieder anschauen, wenn Ihnen das Leben als dunkler, kalter Ort erscheint.

Die stimmungsaufhellende, lebensbejahende Wirkung ist wissenschaftlich erwiesen – wir empfehlen hier keinen homöopathischen Quatsch.

1. *Vier Hochzeiten und ein Todesfall*
2. *Brautalarm*
3. *Schtonk*
4. *Hangover I*
5. *Sideways*
6. *Und täglich grüßt das Murmeltier*
7. *Notting Hill*
8. *Borat*
9. *Harry & Sally*
10. *Die Ritter der Kokosnuß*

Okay, gut ist es, noch eine kleine Reserve zu haben:

11. *Little Miss Sunshine*
12. *Brust oder Keule*
13. *About a Boy*

Anmerkung: Sie werden womöglich bemerkt haben, dass in dieser Liste überdurchschnittlich viele Filme mit Hugh Grant vertreten sind.

Eine Erklärung dafür haben die Autoren nicht. Außer: (Fast) alle Alterspubertiere lieben Hugh Grant. Wir auch.

Der Ort

Das Alterspubertier geht gern auf Reisen. Noch lieber aber teilt es auf Facebook oder WhatsApp Dutzende Fotos von seinen Reisen, als Beweis dafür, dass der Urlaub mal wieder ein echter Knaller war. Guckt mal hier, der Hotelpool! Das Hotelbuffet! Der Sonnenuntergang, der Sonnenaufgang, unser Mietwagen, die Bockwurst auf der Fähre, das bissige Kamel in Tunesien und der/die/das Scheißegal-wen-interessiert-der-Mist! Früher hieß dieses Verhalten: angeben. Heute: aktiv sein in den sozialen Medien. Kleiner Tipp: Wer im Urlaub auf Facebook rumhängt, liefert nur Indizien, dass der Urlaub echt öde ist. Möchten Sie das? Eben.

Gleichzeitig ist das Alterspubertier auch ein sehr sehnsüchtiges Wesen und wünscht sich von jeder Reise einen Moment, der bleibt. Eine erinnerungswürdige Begegnung. Einen Augenblick der Verzauberung. Etwas, woran es sich noch lange erinnern wird. Am besten: für immer.

Das erhöht natürlich den Erlebnisdruck ungemein. Reisen werden minutiös geplant, und fliegen Alterspubertiere nach

Rom oder Marrakesch, beginnt auch bei 40 Grad ein unerbittlicher Sightseeing-Marathon, so lange, bis die Füße schmelzen. Denn auch das ist eine Urangst bei Menschen mittleren Alters: Wer weiß denn, ob wir noch mal hierherkommen?

Deshalb soll nun eine Geschichte folgen, eine Parabel, um genau zu sein, die von einer erinnerungswürdigen Begegnung handelt und einem Augenblick der totalen Verzauberung. An einem traumhaft schönen Ort.

Wie der Ort heißt? Wie man da hinkommt? Okay: Besteigen Sie ein Flugzeug nach Teneriffa. Nehmen Sie ein Taxi zum Fährhafen Los Cristianos. Gegenüber vom Fähranleger gibt es einen Parkplatz. Dieser Parkplatz ist nicht schön, aber auch nicht hässlich. Ein ganz normaler, asphaltierter Platz, umgeben von grauen Betonmauern, auf denen die Möwen sitzen und um die Wette scheißen. An jenem Aprilnachmittag, an dem ich mit meiner Familie und drei befreundeten Familien auf dem Parkplatz eintraf, stand dort kein einziges Auto. Nur ein alter Wohnwagen rostete vor sich hin. Die Fähre nach La Gomera war gerade weg, die nächste fuhr erst in drei Stunden. Weshalb sich die Frage stellte, was wir nun tun würden. Einer der Freunde hatte einen Fußball dabei. Wir bauten mit unseren Koffern kleine Tore und begannen zu spielen.

Irgendwann prallte der Ball gegen den rostigen Wohnwagen, ein paar Minuten später blickte ein Mann hinaus, erstaunt. »*Cerveza?*«, rief der Mann, und wir riefen: »*Sí!*« Schon stand eine Reihe eisgekühlter Bierflaschen vor uns. Mit dem Bier im

Kopf wurde das Fußballspiel lustiger, wir rannten, schwitzten, japsten. Der Mann im Wohnwagen rief wieder: »*Cerveza?*«, und wir riefen: »*Sí!*«

Nach der vierten Trinkpause blieben wir vor dem Wohnwagen sitzen. Die Nachmittagssonne, das kalte Bier, der Geruch des erhitzten Asphalts, das Kreischen der Möwen. Der Wohnwagen-Mann rief: »*Bebida?*«, und brachte nun eine Schnapsflasche nach draußen. Wir riefen: »*Sí!*« Es war ein Kräuterlikör, der grauenhaft schmeckte. Wir tranken auf unseren Urlaub, auf den Wohnwagen-Mann, auf das Leben.

Ein paar einheimische Jugendliche kamen vorbei, setzten sich auf den Parkplatz, sie hatten eine Musikbox dabei, aus der spanische Schlager schallten. Unsere Frauen begannen zu tanzen, nach einem Song, der im Wesentlichen aus dem Refrain »*España!, España!, España!*« bestand.

Irgendwann dröhnte das Schiffshorn der Fähre, wir umarmten unseren Wohnwagen-Mann und schwankten dem Anleger entgegen. Unsere Kinder zogen die Koffer, wir waren dazu nicht mehr in der Lage. Vom Oberdeck aus sahen wir die Sonne untergehen, das Schiff setzte sich langsam in Bewegung, ich blickte hinüber zum Parkplatz, der in der Dämmerung verschwand. Ich dachte daran, wann ich zum letzten Mal so glücklich gewesen war. So ausgelassen, unvernünftig, spontan.

So jung.

Es könnte sein, dass Sie jetzt sagen: Genau das will ich auch haben! Nun ja, Sie könnten natürlich ein Flugzeug nach Teneriffa besteigen, mit dem Taxi zum Fährhafen Los Cristianos fahren, am Parkplatz aussteigen und einen Fußball gegen den rostigen Wohnwagen schießen. Ich bin mir aber sicher, dass das gar nicht nötig ist. Ich meine, irgendeinen Parkplatz, der zum Traumstrand wird, gibt es doch auch bei Ihnen in der Nähe. Oder?

Allesfresser

Wir waren zum Grillabend eingeladen. Auf dem Weg hielt ich an einer Tankstelle, kaufte eine Packung Nürnberger Rostbratwürstchen und dachte: Das Wunderbare am Grillen ist doch die Schlichtheit. Man braucht nicht viel. Würste, Bier, gutes Wetter. Der Grillabend fand bei Jenny und Daniel statt, und als wir ankamen, drückte er mir ein Bier in die Hand und zog mich auf die Terrasse, auf der ein riesiges schwarzes Ding stand, das aussah wie eine Mischung aus Kamin, Gulaschkanone und Raumkapsel.

Was ist das?, wollte ich gerade fragen, als Daniel feierlich sagte: »Der Louisiana Master Performer Deluxe Gourmet GBS.«

Langer Name für einen Grill, dachte ich und überlegte, was ich nun sagen könnte über den Louisiana Master Dingsda. Ich habe keine Ahnung von Grills. Ich grille ganz gerne, aber wenn aus irgendwelchen Gründen die Regierung morgen sagen würde: Grillen ist verboten, dann würde ich mit den Schultern zucken und denken: Okay. Braten wir das Fleisch eben.

Zum Glück kamen nun weitere Gäste, und die Männer versammelten sich sofort um den neuen Grill, stemmten begeistert die Hände in die Hüften, staunten, klopften am Metall herum und stellten Grillfragen: Edelstahl-Grillrost?

»Hatta«, sagte Daniel.

Integriertes Deckelthermometer?

»Hatta.«

Fünffach höhenverstellbare Kohlenwanne?

»Hatta.«

Verriegelbarer Rollfuß?

»Hatta.«

Im Baumarkt, während ich nach Dübeln oder Gartenpflanzen suchte, hatte ich mich manchmal gefragt, wer eigentlich diese Monster-Grills kauft, die meist in den weitläufigen Außenbereichen präsentiert werden. Dabei liegt die Antwort auf der Hand: Männer in der Alterspubertät. Ein Grill scheint irgendwas auszulösen, womöglich wird kurz vor dem fünfzigsten Geburtstag ein Grillgen im mittelalten Körper aktiviert, vielleicht ist es auch was Hormonelles. Schwer zu sagen. Jedenfalls: Frauen kommen in die Wechseljahre. Männer in die Grilljahre. Und dann stehen sie in Badelatschen auf der Terrasse, umweht von Grillrauchwölkchen, und denken zufrieden: Klar, mein Haar ist grau und dünn. Klar, mein Bauch hat die Form einer Waschmaschinentrommel. Klar, das Druckventil in meinem Penis ist undicht und beim Pinkeln gehen zwei, drei Tröpfchen in die Hose. Aber ich habe einen Monster-Grill!

»Schaut euch das an«, sagte Daniel und zeigte auf die Steaks, die er gekauft hatte. »Entrecôte vom Galizien-Rind.« Dann hielt er einen Steakvortrag, der uns nach Galizien führte, wo die galizischen Weideochsen leben, prächtige Burschen, die vier bis acht Jahre auf der galizischen Weide stehen und nur galizische Gräser fressen.

Ich dachte an meine Tankstellenwürste, die sicher nicht vier bis acht Jahre auf einer Weide gestanden hatten, und fühlte mich schlecht. Sehr schlecht. Die Männer schauten sich die edlen Steaks an und sprachen angeregt über die »Fettmarmorierung« des Fleisches, einen Moment, den ich nutzte, um meine Packung Würste diskret in einem Blumenkübel zu entsorgen. Es war seltsam: Vor ein paar Jahren konnten dieselben Männer, meine Freunde, gerade mal Jagdwurst von Teewurst unterscheiden. Jetzt wollten sie plötzlich wissen, wie lange die galizischen Ochsensteaks »gedryaged« waren.

Vom Fleischgerede wuchs mein Hunger. Daniel machte Feuer, aber es brannte nur schwach. »Galizische Holzkohle?«, fragte ich.

»Steakhouse-Kohle aus Paraguay. Vom Quebracho-Baum«, sagte Daniel. Dann heizte er weiter, die Quebracho-Sache dauerte.

Ich trank noch ein Bier und dachte: Egal. Das Schönste am Grillen ist ohnehin die Vorfreude.

»Wir legen erst mal das Grillgemüse rauf«, entschied Daniel. »Das geht schneller.« Bald kam das Grillgemüse. Alle stürzten sich hungrig auf die Zucchini, Auberginen und Paprika. Ich erjagte drei Zucchini-Scheibchen, was kein Problem war, denn ich würde einfach Brot essen. Vor allem Weißbrot stopft ganz wunderbar den Magen.

Aber es gab kein Brot. »Brot vertragen wir nicht mehr«, meinte Jenny. »Und dick macht es auch.« Dann schaute sie mich an mit vorwurfsvoller Strenge und sagte: »Du bist, was du isst!«

Diesen Satz höre ich jetzt ständig. Es ist das Ernährungsmantra von Menschen in den mittleren Jahren. Ich trank noch ein Bier. Warum darf ICH kein Brot essen, nur weil SIE kein Brot mehr essen? Egal, dachte ich hungrig. Das Schönste am Grillen ist ohnehin der Genuss von Alkohol in freier Natur.

Außerdem war jetzt der Halloumi fertig, arabischer Grillkäse. Leider gab es nur wenige Portionen, für die Vegetarier. Alle anderen würden ja ganz bald die galizischen Ochsensteaks essen. Beate, eine Vegetarierin, sagte, sie könne bedauerlicherweise keinen Halloumi essen, wegen ihrer Laktoseintoleranz. Frank sagte, er könne auch keinen Grillkäse essen, er sei seit Kurzem Veganer.

Ausgerechnet Frank, dachte ich, den wir früher »Bulette« nannten, weil er fast nichts anderes aß. Nicht mal vor den Fertigbuletten aus dem Supermarkt schreckte er zurück, die nach nassem Hund rochen, sobald man die Packung aufriss. Hätte man Frank damals gefragt, was Veganer sind, hätte er vermutlich gesagt: »Sie sind enge Verwandte der Vulkanier und leben auf dem Raumschiff Enterprise.«

Ich schnappte mir Franks Halloumi und teilte ihn mit meiner ausgehungerten Frau. Halloumi ist ein absolut geschmackloser Käse, der beim Kauen zwischen den Zähnen quietscht, als würde man in einen Fahrradschlauch beißen.

»So, die Schnitzel sind fertig!«, rief Daniel vom Grill herüber. Halleluja!, dachte ich und schmiss meine Halloumi-Reste unauffällig in die Buchsbaumhecke. Aber es waren dann nur zwei Auberginen-Schnitzel. Für Frank und Beate. Egal, dachte ich hungrig und trank noch ein Bier. Das Schönste am Grillen sind ohnehin die Gespräche mit alten Freunden.

Alle sprachen leidenschaftlich über Ernährung. Aber noch leidenschaftlicher über Verdauung. Heike hatte einen Reizdarm. Martin auch. Aber gedünstetes Gemüse vertrug er gut. Heike schwor auf Pastinaken-Brühe. Zum Frühstück. Martin erzählte sehr bildhaft von seiner letzten Darmreinigung, alle lauschten interessiert. Wir reisten staunend durch Martins Darmflora, und ich dachte: Vielleicht bringen wir ja demnächst auch unsere Röntgenbilder mit zum Grillen. Oder frische Stuhlproben. Schaut doch mal hier! Sieht irgendwie wässrig aus, oder?

Frühere Generationen hatten Angst vor dem Hunger.

Wir haben Angst vor dem Essen.

»Und du?«, fragte plötzlich jemand. »Irgendwelche Probleme, oder Intoleranzen?«

Alle schauten mich an.

»Nichts«, sagte ich und fühlte mich wie der letzte Allesfresser, jemand, der übrig geblieben war aus den wurst- und fleischlastigen Achtzigerjahren unserer Kindheit. Stocherte ich damals lustlos in meinem Mittagessen herum, dann sagte meine Mutter: »Ach, Junge, dann iss doch wenigstens das Fleisch!« Die einzig weitverbreitete Intoleranz damals war die ganz normale Intoleranz. Gegenüber Menschen. Oder Lebensentwürfen. Oder politischen Haltungen. Aber doch nicht gegenüber Milch!

Ach, egal, dachte ich. Und trank noch ein Bier. Das Schönste am Grillen ist ohnehin die Trunkenheit auf nüchternen Magen.

Ich sah, wie eine kleine Katze durch den Garten schlich. Fleisch! Aber ich war schon zu schwach zum Jagen. Leise sprach ich ein tröstendes Wurstgedicht vor mich hin:

Ein armes Würstchen ist echt arm.

Es hat nur sich und seinen Darm.

Daniel kam vom Grill herüber mit rußigen Händen und rauchgebeiztem T-Shirt. »Die galizischen Ochsensteaks?«, fragte ich mit beißendem Hunger im Gedärm.

»Bald«, sagte Daniel. Leider brenne die Grillkohle schlecht. Er müsse noch mal schnell los, neue Kohle kaufen.

»Nach Quebracho?«, fragte ich.

»Zum Supermarkt«, sagte er.

Ich ging zum Grill und fand eine verkohlte Auberginenscheibe. Sie schmeckte herrlich. Ich ging zum Auto und fand im Handschuhfach einen alten, geschmolzenen Schokoriegel. Stopfte ihn in meinen Mund. Auf dem Rückweg traf ich Jenny.

»Was ist mit deinem Fuß?«, fragte sie. »Du gehst so komisch.«

»Meine Ferse ist entzündet. Eine Verletzung vom Fußball.«

»Mein Heilpraktiker sagt, auch Zucker kann Entzündungen auslösen. Du isst doch keinen Zucker mehr, oder?«

Ich schüttelte den Kopf und schluckte die Schokoriegelreste hinunter.

Daniel kam zurück. Leider ohne Grillkohle, alles ausverkauft.

»Und wenn wir das Fleisch einfach braten?«, schlug ich vor.

»Du willst Steaks vom galizischen Hochlandochsen BRA-TEN!?«, fragte Daniel.

Kurz vor dem Hungerkoma hatte ich plötzlich eine Idee. Ich wankte zum Blumenkübel und fischte meine Packung Bratwürste wieder heraus. Wankte weiter zum Grill, legte die Würste auf den Rost, die Hitze war schwach, aber ausreichend. Die verräterische Verpackung schmiss ich in die Buchsbaumhecke. Bald war ich umhüllt vom fleischigen Bratwurstgeruch, den ich in vollen Zügen inhalierte. Bald servierte ich goldbraune Bratwürste, auf die alle begehrlich schauten.

»Sind die vegetarisch oder vegan?«, fragte Jenny.

Ich überlegte. Wie macht man aus billigen Tankstellenwürsten ein ernährungspolitisch korrektes Grillgut?

»Die sind Aral«, sagte ich.

»Aral?«

»Nie gehört? Der neueste Trend. Aus Japan. Aral bedeutet: Algenbasierte reizarme antiallergene Lebensmittel.«

»Wow«, sagte Jenny.

Alle aßen meine Würste. Sogar Veganer-Frank, der früher Bulette hieß, haute ordentlich rein und sagte, dass die Würste überhaupt nicht nach Algen schmeckten. Und da hatte er verdammt noch mal recht. Was für mich das Allerschönste am Grillen ist? Wenn du am Ende bist, was du isst.

Bang, bang, Feuer frei!

Neulich spürte ich plötzlich ein Stechen im Bauch. Es war nicht stark und hielt nicht lange an. Meine Frau sagte: »Na, da hat sich wohl ein Pups verklemmt.« Sie hat meine Krankheiten noch nie besonders ernst genommen. Seit ich gelesen habe, dass viele tödliche Krankheiten vermieden werden können, wenn die Menschen mehr auf die ersten, scheinbar harmlosen Anzeichen achten, passe ich auf. Man darf es natürlich nicht übertreiben, das Wichtigste ist ein kühler Kopf. Deshalb blieb ich vollkommen ruhig. Ich sagte mir: Es kann Darmkrebs sein, muss aber nicht.

Zwei Wochen später war es wieder da. Das Stechen. Wiederkehrende, stechende Bauchschmerzen, las ich im Internet, sollten nicht unterschätzt werden. Im Internisten-Forum wurde geraten, darauf zu achten, ob die Bauchdecke verhärtet ist. Dies sei oft ein Zeichen einer fortgeschrittenen Bauchfellentzündung. Auch Morbus Crohn oder eine Leberzirrhose kämen in Betracht. Ich drückte auf meinem Bauch herum. Hart wie Stahlbeton. Okay, dachte ich, du hattest ein paar schöne Jahre, die Kinder sind groß, sie können deinen Tod verkraften. Dann rannte ich zum Arzt.

Die Praxis war voll, ich musste ewig warten. Ich sah die anderen Patienten, die hier vermutlich mit lächerlichen Sachen wie Erkältung und Scharlach saßen. Sie wirkten sorglos, als hätten sie mit Gott einen Vertrag geschlossen, der sie vor den schlimmsten Sachen bewahrt.

Früher war ich auch so. »Ach, in Ihrem Alter müssen Sie sich keine Sorgen machen«, sagten die Ärzte. Diesen Satz habe ich schon lange nicht mehr gehört. Dafür gibt es jetzt einen anderen Satz, den Alterspubertiere wie ein Gebet vor sich hin murmeln: Hauptsache, gesund! Ich weiß, das klingt tantig, aber es steckt so viel Wahrheit darin. Wobei man auch aufpassen muss: In den mittleren Jahren neigen viele Männer zu Übersensibilität und Ängstlichkeit. Diese Altershypochonder sind ärgerliche Zeitgenossen, denn sie verstopfen die Arztpraxen mit ihren eingebildeten Krankheiten, sodass kaum Zeit bleibt für schwere, akute Fälle wie mich.

Mein Hausarzt war leider im Urlaub, weshalb mir nun ein fremder Arzt gegenübersaß. Er tastete meinen Bauch ab, befragte mich nach meinen Essgewohnheiten, machte einen Ultraschall und sagte schließlich: »Alles in Ordnung, Sie sind kerngesund.«

Ich war erleichtert. Aber war dieser Arzt nicht ganz schön jung? So ein unerfahrener Milchbart, dessen Untersuchung kaum länger als ein paar Minuten gedauert hatte? Wäre es nicht zu dumm, wenn ich nur deshalb sterbe, weil ich mich von einem minderjährigen Husch-Husch-Doktor habe abfertigen lassen?

»Und Sie können eine akute Bauchfellentzündung wirklich definitiv ausschließen?«

»Absolut«, sagte der Arzt.

»Und Morbus Crohn?«

»Abwegig.«

»Aber nicht ausgeschlossen?«

»Abwegig und ausgeschlossen.«

»Gänzlich undenkbar?«

»Nun, nichts ist undenkbar ...«

Aha!, dachte ich. Ein paar kurze Nachfragen, schon gerät die ganze Diagnose ins Wanken. Ich brauchte dringend eine zweite Meinung. Womöglich zählte jetzt jeder Tag. Ein Freund empfahl mir einen Spezialisten, eine absolute Koryphäe im Darmbereich. Aber auch dieser Arzt fand nichts.

»Und das Stechen?«, fragte ich.

»Kann verschiedenste Ursachen haben.«

Oh Gott. Meine Krankheit war offenbar hochkomplex, rätselhaft, extrem selten und selbst für eine Koryphäe nicht diagnostizierbar. »Wie lange noch?«, fragte ich.

»Ganz ruhig«, sagte der Arzt.

So fangen diese Gespräche immer an. Ruhe bewahren, ein bisschen Hoffnung geben für die letzten Wochen. Ich brauchte dringend eine dritte Meinung. Das Problem mit diesen hochspezialisierten Koryphäen ist doch: Ihnen fehlt der Blick fürs große Ganze. Sobald eine Krankheit nicht in ihren beschränkten Bereich fällt, fühlen sie sich gleich nicht mehr zuständig.

Zum Glück war mein Hausarzt aus dem Urlaub zurück. Der einzige Arzt, der mich wirklich kennt, der meinen Körper lesen kann. Aber auch er fand nichts.

»Und wenn wir mal alles durchchecken? Von oben bis unten? Zur Sicherheit?«, fragte ich.

»Wenn Sie wollen«, sagte mein Hausarzt und zapfte mir sechs Röhrchen Blut ab. Am nächsten Tag ging ich wieder vorbei mit zwei Kotproben und einem Becher Morgenurin. Am liebsten hätte ich auch noch Haut- und Fußnagelproben abgegeben, aber mein Hausarzt meinte, das sei nicht nötig. Ich fühlte mich so gut wie lange nicht mehr. Wann hat man schon mal die Möglichkeit, alle Risiken auszuschließen, allem auf den Grund zu gehen?

Natürlich forschte ich auch privat weiter. Im Internet las ich, dass ein Stechen im Bauch von einem schweren Nierenleiden herrühren kann, welches wiederum seine Ursache in einer Blasenschwäche haben könnte. Blasenschwäche? Plötzlich erinnerte ich mich, beim Wasserlassen zuweilen ein leichtes Brennen zu verspüren. Was soll ich sagen? Der allerbeste Diagnostiker war wieder mal ich selbst.

Ich ließ mich sofort zum Urologen überweisen. Der Urologe sagte, er werde zunächst eine Harnstrahlmessung vornehmen. »Mal schauen, ob noch Druck auf dem Kessel ist«, sagte er. Ich erfuhr, dass bei vielen Männern im mittleren Alter der Harnstrahl nicht mehr wie ein reißender Gebirgsfluss ins Tal donnert, sondern eher einem Rinnsal gleicht.

Der Urologe sagte, ich solle in die Strahltest-Kabine gehen, mich auf die Toilette setzen und so kraftvoll wie möglich in den Trichter urinieren, der im Toilettenbecken hängt. »Es ist kinderleicht, Sie werden sehen.«

Ich ging in die Strahltest-Kabine, mein Herz voller Angst. Ich öffnete nervös meine Hose, setzte mich, atmete tief ein und aus. Totale Fokussierung. Ich durfte auf keinen Fall versagen. Zu meiner Blase sagte ich: Komm schon! Gib mir einen Strahl, der Marmor, Stein und Eisen bricht! Ich zählte im Kopf den Countdown herunter und baute maximalen Druck auf. Ein mächtiger Schwall ergoss sich in den Trichter. Es war erhebend. Ich dachte: Bald wird eine Urkunde mit meinem Foto im Wartezimmer dieser Praxis hängen: Strahltest-Champion aller Zeiten! Und aller Gewichtsklassen!

Aber irgendwas fühlte sich plötzlich falsch an. Sehr, sehr falsch. Vorne schoss es beglückend aus mir heraus. Nur leider hinten auch. Oder anders formuliert: Der Schütze feuerte aus allen Rohren. Oder ganz anders formuliert: Ich hatte den Trichter vollgeschissen.

Mein erster Gedanke war: Flucht. Aus dem Fenster springen. Mich mit von Scham zerfressener Seele in einem tiefen Wald verstecken. Mir später irgendwo in Südamerika ein neues Leben aufbauen.

Mein zweiter Gedanke: Rausgehen und die Sprechstundenhilfe empört fragen, welcher Patient denn die Sauerei mit dem Trichter angestellt hat.

Mein dritter Gedanke: Schnell alle Spuren beseitigen.

In der Kabine stand ein Eimer, den ich mit Wasser füllte und mit Schwung in den Trichter goss. Ergebnis: Die braune Brühe stieg bis zum Beckenrand. Ich griff nach der Toilettenbürste. Rührte wie von Sinnen im Trichter herum. Ergebnis: Braune Spritzer auf den weißen Wandfliesen und eine eingesaute Toilettenbürste. Sofort versuchte ich, die Bürste im Handwaschbecken zu säubern. Ergebnis: Auch das Becken war jetzt eingesaut. Ich hielt inne, völlig verzweifelt. Alles, was ich berührte, verwandelte sich wie von Zauberhand. In Kot. Gedanke Nummer vier bahnte sich seinen Weg durch mein erschöpftes Hirn: Geh nach draußen und sag die Wahrheit.

Vor der Strahltest-Kabine warteten bereits andere Patienten. Ich beschwor sie, auf keinen Fall die Kabinentür zu öffnen, wenn ihnen ihr Leben lieb sei. Ich ging zum Empfangstresen. »Ah, sind Sie endlich fertig geworden?«, fragte eine der Schwestern.

Ich beugte mich über den Tresen und flüsterte: »Es gab da einen kleinen Vorfall.«

Die Schwester sah mich irritiert an.

»Es ist, also, es sind ...«, stammelte ich.

»Ja?«

»... also, ganz offen gesagt. Es sind Kot-Elemente in den Trichter geraten.«

»Oh, nee!«, stöhnte die Schwester, sprang auf und lief zur Strahltest-Kabine. Aus der Ferne hörte ich sie fluchen: »Oh, nee!!« Eine zweite Schwester eilte hinzu. »Boah! Das ist ja ekelhaft!! Wer war das denn?«

Da kam zum Glück Gedanke Nummer fünf: Unauffälliger Rückzug. Sofort! Ich griff nach meiner Jacke, schlich langsam aus der Praxis. Im Treppenhaus lief ich schneller, auf der Straße rannte ich. Fast bis nach Südamerika.

Heute geht es mir den Umständen entsprechend gut. Nachts spüre ich manchmal noch das Stechen im Bauch. Na und? Viel wichtiger ist doch dieser seltsame schwarze Fleck auf meinem Oberarm. War der gestern auch schon da?

Die unbeschreibliche Magie des mysteriösen Big Daddy

Meine Frau kam nach Hause und war ganz aufgekratzt. Sie holte eine Flasche Weißwein aus dem Kühlschrank, goss sich ein ordentliches Glas ein und sang ein bisschen vor sich hin. »Wunder geschehen/Ich hab's gesehen«, sang meine Frau. »Es gibt so vieles, was wir nicht verstehen.«

Es war Dienstag. 14.00 Uhr. Sie trank. Sie sang einen üblen Nena-Song. Ich fragte: »Was ist denn mit dir los?«

Meine Frau sang weiter vor sich hin: »Wunder geschehen. Ich war dabei ...«, dabei schaute sie mich grinsend an.

»Hast du gekifft?«, fragte ich.

»Nö. Viel besser.«

»Koks?«

»Türkischer Bauarbeiter.«

»Kenn ich nicht. So was wie schwarzer Afghane?«

»Nein. Ein echter türkischer Bauarbeiter. Hat mir hinterhergepfiffen.«

»Ah. Okay. Und das macht dich high?«

»Absolut. Ist mir schon ewig nicht mehr passiert. Ein Mann hat MIR hinterhergepfiffen.«

»Ist das nicht sexuelle Belästigung oder so?«

»Früher, ja. Ab 45 ist es sexuelle Bestätigung. Dieses Pfeifen sagt mir: Ich bin noch da.«

»Klar bist du da.«

»Ja. Aber niemand schaut mich mehr an. Als Frau.«

»Ich schaue dich doch an.«

»Ja, danke, nett von dir. Aber das zählt nicht. Du bist mein Mann. Für die anderen Männer bin ich ... sexuell unsichtbar geworden. Ein Neutrum! Ich laufe die Straße entlang, und die Männer nehmen mich nur noch wahr, als wäre ich ein Briefkasten oder so. Warum bewegt sich denn der komische Briefkasten?, fragen sie sich vermutlich, wenn ich an ihnen vorbeigehe.«

Ich fand das alles merkwürdig. Pfeifende Bauarbeiter, ich meine, geht's noch unwürdiger? Und überhaupt: sexuell unsichtbar? Ist das nicht völlig übertrieben? Ganz schön hysterisch? Mag ja sein, dass die Leute auf der Straße nicht mehr ständig denken: Mein Gott, dieser mittelalte Mensch, der mir da entgegenkommt, ist Sex. Purer Sex. Und vielleicht ziehen sie einen auch nicht sofort mit Blicken aus, bis man nichts mehr am Leib trägt als seinen unverschämt glamourösen Slip. Aber wird man deshalb gleich zum Briefkasten? Ich schätze, das alles ist eher so ein Frauending. Auch ein Mann altert, klar. Vor allem aber bekommt er Charakter. Wie ein Ledersessel, auf den sich mit den Jahren die Patina des Lebens legt, wodurch er nur noch wertvoller und prächtiger wird.

Am nächsten Tag stieg ich in die S-Bahn und fuhr zur Arbeit. Plötzlich dachte ich: Versuch es doch einfach mal. Schau dich um, teste deine Wirkung. Sammle ein paar Blicke ein. Es war voll, ich fand keinen Sitzplatz und stand an der Tür.

Mir fiel eine dunkelhaarige Frau auf, die am Fenster saß. Sie war jung, attraktiv. Ich begann zu gucken, wobei ich mich bemühte, sie nicht anzustarren, sondern meinen Blick zufällig und spielerisch wirken zu lassen. Die junge Frau schaute ständig auf ihr Handy. Irgendwann schaute sie auf, unsere Blicke begegneten sich für den Bruchteil einer Sekunde. Dann schaute sie wieder auf ihr Handy. Ich fragte mich, ob mein Blick vielleicht etwas zu zufällig und spielerisch war. Ich meine, es ist doch logisch: Wenn sie nicht merkt, dass ich genau sie meine, warum sollte sie dann zurückschauen?

Ich versuchte einen anderen Blick. Fordernder, bohrender. Jetzt schaute sie mich plötzlich an. Lange. Ohne jede Scheu. Ich dachte: Sieh an. Wusste ich's doch. Der alte Fischer hat das Angeln nicht verlernt! Die junge Frau stand auf, kam lächelnd auf mich zu und sagte: »Wollen Sie sich setzen?«

Soll ich ehrlich sein? Ich hatte nichts anderes erwartet. Ich war einfach zu lange raus aus dem Flirt-Business. Ich brauchte Geduld. Vor allem aber: eine ehrliche Bestandsaufnahme. Wie ist heute meine Wirkung als Mann?

Ich dachte sofort an Frau Müller. Sie arbeitet als Sekretärin bei uns im Büro. Sie ist Mitte dreißig, ich schätze ihre aufrichtige, direkte Art und hohe emotionale Intelligenz.

Ich rief Frau Müller am Nachmittag in mein Büro. Sie sah mich erwartungsvoll an. Aber wie beginnt man so ein Gespräch? Ach, gleich zur Sache kommen. »Sagen Sie mal, Frau Müller, wie nehmen Sie mich denn so wahr?«

»Na ja ... Sie arbeiten hier.«

»Und gibt es da vielleicht noch mehr?«

»Mehr was?«

»Nun, ich bin doch auch ein Mann.«

»Ja, Sie sind ein Mann.«

»Und, spüren Sie da was, wenn ich hier so vor Ihnen sitze?«

»Nö.«

»Okay. Anders formuliert: Wenn ich hier so sitze, als Mann, bin ich dann für Sie sichtbar?«

»Sie sind aber heute komisch.«

»Frau Müller, konzentrieren Sie sich, bitte! Stellen Sie sich einfach vor, ich wäre eine Frau. Und Sie wären ein Bauarbeiter. Und ich laufe über Ihre Baustelle. Würden Sie mir dann hinterherpfeifen?«

Frau Müller ging kopfschüttelnd aus dem Büro.

Soll ich ehrlich sein? Ich hatte nichts anderes erwartet. Frau Müller ist bekannt für ihre verdruckste, sperrige Art und ihren eklatanten Mangel an sozialer Kompetenz.

Als ich wieder allein war im Büro, recherchierte ich ein bisschen im Internet und stieß dort auf den Ratgeber »Zeige der Welt, wer du bist!« mit praktischen Tipps zur Kontaktaufnahme. Um Interesse auszustrahlen, soll man den Kopf schräg halten und den Blick »mit spöttischem Nachhall« von unten nach oben wandern lassen. Zudem signalisiert ein kurzes Heben der Augenbrauen, dass man sich über die Kontaktaufnahme freut. Ich ging auf die Herrentoilette. Schaute in den Spiegel. Ich legte den Kopf schräg und ließ die Augenbrauen von unten nach oben wandern. Mit spöttischem Nachhall.

Mein Eindruck? Schlaganfallopfer.

Abends, auf dem Weg nach Hause, war meine Stimmung gedämpft. Ich dachte: Wenn man etwas zu sehr will, funktioniert es oft am wenigsten. Ich musste viel lockerer werden. Wann ist ein Mann interessant? Wenn er eine desinteressierte, mysteriöse Aura verströmt, die sagt: Big Daddy sucht nicht. Er findet.

Was soll ich sagen? Ich war keine fünf Minuten auf der Straße unterwegs, da sprach mich eine Frau an. Sie sagte: »Haben Sie kurz Zeit für mich?«

Ich blieb stehen und sagte erst mal nichts. Total mysteriös. Das lockte sie sofort aus der Reserve. Die Frau lächelte und sagte: »Sie sehen aus wie ein Mann mit einem großen Herzen.«

Ich nickte stumm und schaute desinteressiert auf mein Handy.

»Hallo?«, fragte die Frau. Sie ließ nicht locker.

»Ja, bitte?«, sagte ich und betrachtete die Frau nun genauer. Sie trug einen weißen Umhang mit einem roten Kreuz. Mir persönlich ein wenig zu exaltiert, aber was weiß ich schon von der Mode? Die Frau bat mich, ihr meine Adresse und Telefonnummer aufzuschreiben. Passierte das gerade wirklich? Der schnelle Erfolg war mir fast schon unheimlich. Aber das ist eben die Magie des mysteriösen Big Daddy! Das Einzige, was mich etwas irritierte: Warum erzählte diese Frau ständig von irgendwelchen Waisenkindern in Westafrika? Und warum hielt sie eine verbeulte Büchse in ihrer hübschen Hand?

Später, als die Frau längst weg war, ich vierhundert Euro gespendet hatte und nun stolzer Patenonkel des sechsjährigen Matayo aus Liberia war, trank ich erst mal in der Kneipe einen Schnaps. Und dann noch fünf weitere. Beim siebten Schnaps schrie ich die Bedienung an: »Ich bin ein sexuell aktiver Mann! Kein Briefkasten!«

Da schmiss sie mich raus.

Ich wankte nach Hause. Von der Welt gedemütigt und missachtet. Wenn man stirbt, dachte ich, dann ist man nicht mehr da. Aber wenn man schon verschwindet, bevor man gestorben ist? In der Ferne sah ich ein Licht. Strahlend. Schön. Und plötzlich wusste ich genau, was ich zu tun hatte.

Am Straßenrand standen fünf Baucontainer im Neonlicht. In einen ging ich hinein und sprach mit einem stämmigen Mann. Er sah mich erstaunt an. Ich sagte: »Keine Fragen«, und hielt ihm einen Fünfzigeuroschein hin. Der Mann nickte.

Dann lief ich los. Langsam, voller Erwartung. Bald zerschnitt ein herrlicher, hoher Ton, ähnlich der Fanfaren von Jericho, die abendliche Stille. Und ich dachte: Oh ja! Pfeif für mich, mein lieber Bauarbeiter. Pfeif um dein Leben!

Operation »Walhalla«

In der Alterspubertät gibt es eine große, alles bestimmende Sehnsucht. Nein, nicht nach Sex, Abenteuern oder einem unbehaarten Rücken. Es ist die Sehnsucht nach Ruhe und Entspannung. Vor ein paar Wochen kauften meine Frau und ich deshalb einen kleinen Holzbungalow auf dem Land. Der Bungalow hatte lange leer gestanden, der Garten war verwildert, aber das gefiel uns gut. Dieses Unfertige, Ursprüngliche. Der Garten, das spürte ich, würde uns zu anderen Menschen machen.

Am ersten Wochenende wollten wir die Ruhe genießen, keinen Plan haben, nichts erledigen müssen. Allerdings war es nicht einfach, ein schönes Sonnenplätzchen zu finden. Das Gras stand kniehoch. Im Bungalow fand ich eine alte Sense und machte mich an die Arbeit. Mit freiem Oberkörper schwang ich die Klinge über die Grasnarbe. Das war schon immer mein Traum gewesen: dieses Bauerngefühl.

Nach einer Stunde hatte ich den Dschungel in eine Wiese verwandelt. Rückblickend war das wohl der Moment, wo ich ihm zum allerersten Mal begegnete: dem Maulwurf. Ich sah drei Hügel am Rande der Wiese. »Wir haben einen kleinen Nachbarn«, sagte ich zu meiner Frau. Dann breiteten wir die Picknickdecke auf der Wiese aus.

Als wir am Wochenende darauf wieder von der Stadt aufs Land kamen, hatte sich unser Garten verändert. Zehn neue Haufen. Wir schauten auf eine Maulwurfshügellandschaft. »Tu was«, sagte meine Frau.

Ich nahm einen Spaten und ebnete die Hügel ein. Aber nicht alle. Die drei alten Hügel am Rand ließ ich unberührt – sein Territorium. Woher sollte er wissen, dass wir jetzt auch hier leben? Eine gute Nachbarschaft, das weiß jeder, funktioniert im Geiste des Kant'schen Imperativ: Behandele einen Maulwurf so, wie auch du von einem Maulwurf behandelt werden möchtest.

Ich ging in den Bungalow, trank ein Bier. Als ich nach einer Viertelstunde wieder rauskam, sah ich: zwei neue Hügel. Er hatte gewartet, bis ich verschwunden war, dann gegraben in rasender Geschwindigkeit. Was wollte er mir damit sagen? Vermutlich: *fuck off!*

Meine Hand war ausgestreckt, für Frieden und Verständigung. Er hatte hineingebissen. Ich stellte mich neben die frischen Hügel, den Spaten im Anschlag. Er konnte nicht weit sein, wahrscheinlich lauerte er unter mir, nur ein paar Zentimeter entfernt. Komm raus, Mistkerl!, dachte ich. Aber was würde ich dann tun? Ihn mit dem Spaten erschlagen? Ich erschrak über mich selbst. Die Verhältnismäßigkeit im Handeln, der Tierschutzgedanke, die Wahrung der Schöpfung – das alles war mir doch immer wichtig gewesen.

Ich ging ins Haus, recherchierte im Internet. Sanfte, ökologische Mittel der Vertreibung, danach suchte ich. Obwohl, Vertreibung? Klang das nicht total negativ? Nach verzweifelten Mütterchen, die im bitteren Kriegswinter mit ihren Habseligkeiten über das Eis der Kurischen Nehrung aus Ostpreußen flüchten? Dann fand ich einen Artikel über die »Vergrämung von Maulwürfen«. Vergrämung – das war doch viel netter. Friedlicher. Ein vergrämter Maulwurf ist einer, der zwar nicht jubelnd seinen Grabungsradius beschränkt, aber doch in der Tiefe seines Herzens spürt, dass es nur zu seinem Besten ist.

Zur Vergrämung wurde empfohlen, frische Knoblauchzehen in die Tunneleingänge zu legen. Kombiniert mit vergorener Milch. Was für eine schöne Idee, dachte ich. Man gibt dem vergrämten Abgeschobenen auf seinem Weg in ein sicheres Herkunftsgebiet noch eine herzhafte Wegzehrung mit. Einen Gruß aus der Küche, sozusagen.

Am nächsten Morgen sah ich vier neue Hügel. Tja, sanfte, ökologische Mittel – darüber lacht ein Maulwurf. Vermutlich saß er jetzt da unten, räumte zufrieden die Knoblauchzehen ins Vorratsregal, sein fettes Lecker-Bäuchlein voll saurer Milch. Das Schwein!

Jeder andere hätte nun, erniedrigt und verhöhnt, seiner Wut freien Lauf gelassen und nach Vergeltung gerufen. Aber ich nicht. Beißt dir ein Maulwurf in die rechte Hand, halte ihm auch die linke hin, hatte Jesus gesagt.

Ich schrieb einen Brief an meinen kleinen Nachbarn. Ungewöhnlich? Vielleicht. Natürlich war mir bewusst, dass er diesen Brief nicht lesen konnte. Aber die Geste zählte. Und selbst wenn er die Worte nicht verstand, könnte er doch instinktiv den Geist des Friedens spüren, der in meinen Zeilen steckte.

»Werter Herr Maulwurf, I have a dream«, begann ich. »Unsere ersten Begegnungen waren geprägt von Misstrauen, Besitzdenken und territorialen Kämpfen. Wäre es nicht an der Zeit, einen Neuanfang zu wagen? Ich weiß, auch Ihr Leben ist nicht frei von Sorgen. Die moderne Arbeitswelt, die Familie, die Digitalisierung, die Lage auf dem Immobilienmarkt – all das geht an keinem von uns spurlos vorbei. Dazu, wenn ich mir die Bemerkung erlauben darf, sind Sie blind. Also: visuell herausgefordert. Ich kann kaum ermessen, was es bedeuten muss, mit diesem Handicap die Arbeit unter Tage zu verrichten. Das nötigt mir den allergrößten Respekt ab! Darf ich Ihnen trotzdem eine Frage stellen? Wo sehen Sie sich in zehn Tagen?

Es steht mir nicht zu, diesbezüglich Empfehlungen auszusprechen, aber ist Ihnen schon das Grundstück links von uns aufgefallen? Ja, dort, wo die unsympathische Familie Lehmann wohnt. Mit den lauten Kindern und dem kläffenden Zwergpudel. Aber der Boden ist wahnsinnig gut. Ein lockeres, saftiges Erdreich, in dem Würmer und Schnecken fließen. IHR gelobtes Land!

Ich wünsche Ihnen und Ihrer (blinden?) Familie dort nur das Beste, Gottes Segen und immer eine Handbreit Erde unterm Kiel! Herzlichst, der von oben.

Anschließend stellte ich meinen Brief persönlich zu, steckte ihn tief in den letzten frischen Maulwurfshügel und hoffte, dass mich niemand dabei sah. Wenn im Dorf die Runde macht, dass hier ein Typ wohnt, der mit Maulwürfen korrespondiert, dann ist klar, wer künftig den Titel »Dorftrottel« tragen wird.

Am nächsten Morgen trat ich in den Garten und sah: nichts. Kein einziger neuer Hügel. Vielleicht ist gerade irgendein Feiertag da unten, dachte ich und beobachtete misstrauisch die Wiese. Aber auch in den folgenden Tagen passierte: nichts. Keinerlei Grabe-Aktivitäten. War er wirklich umgezogen? Bin ich ein Maulwurfflüsterer? Ich schaute rüber zu Lehmanns. Auch dort war alles ruhig. Ich legte mich auf meine Wiese, dankbar und stolz. Mein grünes Reich, das ich verteidigt hatte – nur mit der Kraft der Liebe und der Vernunft. Friedefürst! Wunderrat! Ja, das war ich.

Ich dachte an Mandela, Gandhi, Mutter Teresa, Günter Schabowski, als ich plötzlich einen spitzen Schrei hörte. Meine Frau. Ich eilte zu ihr, sie stand vor dem frisch gepflanzten Rosenbeet, dem Kronjuwel unseres Gartens. Alles war zerwühlt, aufgerissen, geschändet. Das war nicht das Werk eines Maulwurfs, sondern eines Monsters, einer Kreatur, so widerwärtig und rücksichtslos, dass meine Frau schluchzend nur noch ein Wort hervorbrachte: »Rache!«

Wie naiv war ich gewesen. Es hatte nie Frieden gegeben. Er hatte nur seine Kräfte gesammelt, um noch erbarmungsloser zuzuschlagen. Ich ging zum Bungalow. Direkt vor dem Eingang sah ich fünf neue Haufen. Vermutlich seine Art zu sagen: »Hallo, Arschloch, wo siehst DU dich in zehn Tagen?«

Im Internet fand ich das »Maulwurf-Hass-Forum«. Ich las die ganze Nacht, informierte mich über Tötungsarten. Vergiften, Ertränken, Vergasen, Enthaupten. Auch das Ausbringen von feuchten Menschenhaaren wurde empfohlen. Der Geruch versetze Maulwürfe in Panik. Mein Blick fiel auf die kräftigen Locken meiner schlafenden Kinder. Jeder muss jetzt Opfer bringen, dachte ich. Rasierte dann aber doch nur meinen eigenen Kopf und streute eine Handvoll dünner grauer Haare über die Maulwurfshügel.

Bei Tagesanbruch, gegen 5.45 Uhr, ging ich zum Auto, steckte das eine Ende des Gartenschlauchs in den Auspuff, das andere in einen der Maulwurfshügel. Dann stellte ich den Motor an. Nach ein paar Minuten stiegen blaue Abgaswolken aus den umliegenden Haufen auf. Operation »Walhalla« hatte begonnen. Es tat gut, endlich zurückzuschlagen, gleichzeitig fühlte ich ein großes Unbehagen, als ich daran dachte, wie mein Handeln wohl interpretiert werden könnte. Im historischen Kontext.

Plötzlich war es ganz ruhig im Garten. Die Stille des Todes, dachte ich erst. Aber dann bemerkte ich, dass mein Automotor verreckt war. Vermutlich durch den Gasrückstau. Ich versuchte wieder und wieder den Motor zu starten. Keine Reaktion. Tot. Ich hatte nicht das Monster gekillt, sondern versehentlich mein schönes, treues Auto. Meine Wut stieg, mein Hass schlug Flammen. »Wo bist du, Bestie?«, brüllte ich durch den Garten. Ich begann zu graben, wie von Sinnen. Ich würde ihn kriegen, würde in seine hässliche, erdige Fratze schauen, bevor mein Spaten wie ein Fallbeil auf sein Genick niedersauste.

Ich grub erst vorne. Dann hinten. Dann überall. Stundenlang. Bald glich der gesamte Garten einem Panzerübungsplatz. Ich stieß auf ein Labyrinth aus Gängen, die nicht tief lagen. In manchen fand ich Knoblauchzehen. In anderen lagen graue Haare. Und Papierfetzen. Der größte und breiteste aller Gänge aber, eine Art Maulwurfsallee, endete direkt unter unserem Bungalow. Dort musste er sein! Dort hielt er sich die ganze Zeit versteckt, hatte uns beobachtet, ausspioniert, seine teuflischen Pläne geschmiedet!

Der Feind unter unseren Dielen.

Ich holte die Spaltaxt. Die Dielen zersplitterten unter meinen rasenden Schlägen, die dünnen Wände gaben nach. Das Letzte, woran ich mich erinnern kann, waren die panischen Hilferufe meiner Frau und der grelle Klang der Polizeisirene, kurz bevor der Bungalow zusammenfiel.

Zwei Polizisten legten mir Handschellen an, steckten mich in den Einsatzwagen. Im Rückspiegel sah ich mich: ein mittelalter Mann mit blassem, erdverschmierten Gesicht, der Schädel kahl rasiert, fiebriger Blick.

Ein Maulwurfsopfer.

Einer der Polizisten drehte sich zu mir um, fragte besorgt: »Was ist denn mit Ihnen passiert?«

»Lange Geschichte«, sagte ich müde. »Eigentlich ... wollte ich mich nur entspannen.«

Die Stadt muss brennen!

An einem Sonntagabend saß ich mit meiner Frau auf dem Sofa. Ich hatte ihr Tee gekocht, die Füße massiert und sogar eine Folge ihrer Lieblingsserie *Gilmore Girls* mit ihr angeschaut. Kurzum, der Boden war bereitet, um einen heiklen Vorstoß zu wagen. Ich sagte: »Liebling, ich will mal wieder mit den Jungs wegfahren, wir haben schon ewig kein Männerwochenende mehr gemacht.«

Meine Frau sah mich prüfend an. »Wohin?«

»Riga«, sagte ich.

»Osteuropa? Ihr wollt also die Sau rauslassen?«

»Nur ein bisschen Spaß haben«, sagte ich.

»Mehr Spaß, als wenn du mit mir verreist?«, fragte meine Frau. »Was ist denn so aufregend an einer Männerreise?«

Es war der Beginn einer wunderbaren Unterhaltung.

Tja, was ist das Aufregende an einer Männerreise? Ich denke, vor allem der Umstand, dass keine Frauen mitkommen. Das ist nicht frauenfeindlich gemeint. Ich finde auch nicht, dass Reisen mit Frauen öde sind. Überhaupt nicht. Aber es ist eben etwas völlig anderes.

Der Mann ist ohne Frau ein anderes Wesen. Schlichter, roher, ursprünglicher. Auf einer anständigen Männerreise wird viel getrunken, viel gegessen, viel gelacht. Und auch geredet. Wobei die Gespräche zu einer gewissen Monothematik neigen. Das eigene Sexualorgan wird mehrmals am Tag gerühmt, besungen und mit Kosenamen versehen. Vorbeilaufende fremde Frauen werden ebenfalls gerühmt, besungen und mit Kosenamen versehen. Dann wird wieder viel getrunken und gegessen. Und gelacht. Vor allem über die Kosenamen. Das ist im Großen und Ganzen alles, was auf einer Männerreise passiert.

Ich glaube, wir Männer brauchen so was. Von Zeit zu Zeit müssen wir für ein paar Tage in den Schmutztrog steigen, uns in dreckigen Fantasien suhlen, an einfachen Witzen erfreuen. Es ist ein kleiner, unanständiger Kick. Wir versuchen eine Art Jungsgefühl in unser erwachsenes Leben zu schmuggeln.

An einem Freitagnachmittag standen wir dann endlich am Flughafen, tranken unser erstes Bier, prosteten uns zu, riefen »Männerreise!«, »Herrlich!«, »Wie früher!«. Nun, es war nicht ganz wie früher. Ich kam gerade aus einem Meeting, Matthias hatte noch im Taxi an einem Schriftsatz gearbeitet, Stefan telefonierte die ganze Zeit mit seiner neuen Freundin, Mirco kam von einer Konferenz in Hamburg. Wir standen in der Abfluglobby, in der einen Hand ein Bier, in der anderen ein Handy, seltsame Zwitterwesen, hin- und hergerissen zwischen Jungsgefühl und Erwachsenem-Ernst. Ich bestellte schnell noch eine Runde Bier. Zum Lockerwerden.

Spätestens in Riga, sagte ich mir, während das Flugzeug durch die Wolkendecke stieß, werden wir wieder die alten, relaxten, amüsierbereiten Buddys sein. Denn das gehört zum Mythos jeder Männerreise, diese Blues-Brothers-Romantik: Wir bringen die Band wieder zusammen!

Am frühen Abend kamen wir an. Ich hatte ein wunderbares Hotel gebucht. Wobei mir vor allem eine Sache wichtig war: Niemand bekommt ein Einzelzimmer. Das ist Gift für die Band. Was wir brauchten, war Ferienlager-Atmosphäre, und am liebsten hätte ich ein Vierer-Zimmer mit Doppelstockbetten genommen. Plus Nachtwanderung. Es gab aber nur Doppelzimmer, und wie immer würde ich mit Matthias die Bude teilen. Denn auch das ist eine goldene Regel auf Männerreisen: *Never change* die erprobte Kajütenbesatzung. Bevor wir alle auf die Zimmer gingen, verteilte ich noch einige Fläschchen Jägermeister, die wir auf ex tranken. Wegzehrung.

Irgendwie wirkte der Jägermeister anders als erhofft. Nicht euphorisierend. Narkotisierend. Zwei Stunden später erwachte ich verschwitzt in meinem Bett, etwas orientierungslos. Ich drehte mich träge zur Seite, die Augen geschlossen, und griff mit meiner rechten Hand in eine, tja, Masse. Warm. Feucht. Teigig. Haarig. Matthias! Er lag auf dem Rücken, offener Mund. Gurgelnde Geräusche. Starb er? Ich zog vorsichtig meine Hand von seinem Bauch. Plötzlich hatte ich Sehnsucht. Nach einem Einzelzimmer.

Ich hatte Matthias schon ewig nicht mehr ohne Klamotten gesehen. Früher war er der Schmalste von uns. Jetzt lag da dieser seltsam erwachsene, voluminöse Mann, der überhaupt nicht zu dem Matthias aus meiner Erinnerung passte. Vor Jahren hatten wir uns noch tagelang ein winziges Bergzelt geteilt. Später spielten wir nackt Luftgitarre am Strand. Es gab Zeiten, da wussten wir alles voneinander. Nun waren wir zwei mittelalte Männer, die sich vor allem aus der Vergangenheit kannten.

Am späten Abend waren wir bereit für den ersten Höhepunkt unserer Reise. Wir stellten uns in die Schlange vor dem La Rocca. DER Club in Riga. Wir sahen gut aus, trugen lässige Klamotten, tranken Jägermeister. Langsam, das spürte ich ganz deutlich, wurden wir zum berüchtigten »Wolfsrudel«, wie im Film *Hangover*. Yeah.

Bis zu dem Moment, als der Türsteher vom La Rocca uns anschaute und sagte: »*No.*«

»*No? Why?!*«, fragten wir.

»*Look at you! Old people. Old like my mother. Go!*«

»*Do you want money?*«, versuchten wir die Situation noch zu retten.

»*No money! This is for young people. You are very old. And very ugly. Go!*«

Das war natürlich ein Dämpfer. Für das Wolfsrudel.

Wir gingen zum nächsten Club, irgend so ein postsowjetisches Ding. Man ließ uns hinein. Leider, muss man sagen. Das Publikum war extrem jung. Als hätte man einen Schulbus auf der Tanzfläche abgeladen. Die Kids schauten uns irritiert an, einige junge Männer hielten vorsorglich ihre Mädchen fest. Wobei ich sagen muss: Es lag nun wirklich nicht an uns. Die demografische Entwicklung in Osteuropa bringt einfach sehr viele junge Menschen hervor. Zu viele – das ist mein Eindruck. Wir wippten auf der Tanzfläche ein bisschen in den Knien, hielten uns am Gin Tonic fest und warteten, dass es Mitternacht wurde, eine Zeit, zu der mittelalte Menschen ohne schlechtes Gewissen einen Club wieder verlassen können.

Auf dem Weg zurück ins Hotel war die Stimmung etwas bedrückt, bis ich anmerkte, dass es doch nur gut sei, heute früh ins Bett zu kommen. »Wir können richtig ausschlafen. Den ganzen Stress abwerfen. Mal auftanken. Und morgen brennt die Stadt!«

»Deal!«, riefen die anderen. Und gingen gähnend auf die Zimmer.

Am nächsten Morgen sahen alle sehr zerknittert aus. Mirco beschwerte sich über den Straßenlärm vor dem Hotel. Stefan sagte, er habe Probleme mit der Matratze gehabt. Sie war zu weich oder zu hart, keine Ahnung. Ich konnte mich schlecht konzentrieren, meine Ohren dröhnten noch von Matthias' Schnarch-Attacken. Wie können aus einem menschlichen Körper nur solche viehischen Töne kommen? Ich hatte wenig getrunken, aber trotzdem einen Kater. Einen Schnarch-Kater.

Die anderen unterhielten sich. Über die aktuelle Lage auf dem Immobilienmarkt. Sollte man eine Eigentumswohnung kaufen oder nicht? Und falls ja: Wo? Und wie? Kredit mit zehn Jahren Laufzeit. Oder 15? Oder doch ein Haus? Ein Fertighaus?

»Es gibt auch schöne Fertighäuser«, sagte Stefan.

»Egal, was man macht; die Lage ist entscheidend«, sagte Mirco.

»Steigen die Zinsen bald wieder?«, fragte Matthias.

»Du musst auf Aktien setzen«, sagte Stefan. »Indexfonds.«

Er investiere lieber in die private Altersvorsorge, sagte Mirco.

»Hat eigentlich jemand eine private Zahnzusatzversicherung?«, fragte Stefan.

»Jetzt mal eine ganz andere Frage«, sagte Mirco, »kann man Druckerpapier von der Steuer absetzen?«

Ich schaute auf meine alten Freunde. Was war hier los? Waren wir bis nach Riga geflogen, um über Zahnzusatzversicherungen zu reden?

Aber es kam noch schlimmer. Stefan legte einen Werbeprospekt auf den Tisch, den er an der Rezeption gefunden hatte. Auf dem Papier stand: »Kommen Sie ins Golf-Ressort Riga!« Alle waren begeistert.

Ich sagte: »Golfen? Das ist eine Männerreise! Keine Seniorenfahrt!« Eine Stunde später fuhren wir an den Stadtrand. Zum Golfen.

Der Schnupperkurs kostete 25 Euro pro Person. Inklusive Schläger, Bälle, Schuhe. Golfschuhe sehen aus wie Budapester oder Bowlingschuhe – nur hässlicher und mit Spikes an der Sohle. Golfschuhe machen die Füße automatisch rund fünfzig Jahre älter, dachte ich, während wir zum Übungsgelände liefen. Golfanfänger dürfen erst mal nicht auf den Platz, sondern nur auf die Idiotenwiese. Dort übten wir ewig die Grundhaltung. Das

Ausholen. Und das Durchschwingen. Lauter Trockenübungen. Bei anderen Sportarten geht es um Schnelligkeit, Kraft, Instinkt. Beim Golfen brauche man vor allem Geduld, sagte Anton, unser Golflehrer. Geduld, dachte ich – der letzte Trumpf des mittelalten Mannes. Dann schlug ich weiter Löcher in die Luft.

Nach den Trockenübungen gab Anton eine »Einführung in die Welt des Golfsports«. Es war warm, die Sonne schien, wir lagen auf der Idiotenwiese, ein schöner Rasen, satt und weich, ich dämmerte ein bisschen weg, während Anton erklärte: »Wenn der Golfer das Loch mit einem Schlag weniger als Par erreicht – dann ist das ein Birdie. Braucht ein Spieler aber einen Schlag mehr als Par, nennt man das Bogey. Zwei Schläge mehr als Par ist ein Doppel-Bogey.«

Logisch, dachte ich. Aber wer ist Par?

Es folgte der Programmpunkt »Umtrunk im Clubhaus«, was uns allen entgegenkam, weil das Durchschwingen endlich ein Ende hatte. Umtrunk im Clubhaus bedeutete: sahnige Torte, Kaffee und, das ist das Schöne an Osteuropa: Wodka. Wir versackten ein bisschen.

»Jetzt zurück in die Stadt?«, fragte Mirco.

»Erst mal noch Torte«, sagte Stefan und zog die Golfschuhe aus.

»Und Wodka«, sagte Matthias und winkte der Kellnerin.

»Ich geh mal in den Golfshop«, sagte ich.

Im Golfshop waren 9er-Eisen im Angebot. Und Golfhandschuhe, die aussahen, als trüge sie der Chauffeur am Steuer eines

Rolls-Royce. Ich betrachtete ein Paar Golfschuhe. Schönes Material. Ganz weich. »Känguruleder«, sagte die Verkäuferin, eine ältere Dame. »Wollen Sie mal reinschlüpfen?«

Ganz ehrlich? Noch nie hatte ich so bequeme Schuhe getragen. Wenn man sich mit der Materie etwas intensiver beschäftigt, merkt man sofort: Natürlich machen Golfschuhe den Fuß nicht älter. Sondern edler. Die Verarbeitung ist hervorragend, dazu die Spikes an der Sohle, die praktisch sind, auch im Alltag, wenn man im Herbst auf der feuchten Gartenwiese den Kirschbaum stutzt. Oder Rindenmulch auf die Beete heben will. Oder bei Glatteis zum Bäcker geht.

Ich kaufte die Schuhe.

Als ich ins Clubhaus zurückkam, aßen die anderen immer noch Torte. Am Rande des Saales wurde eine Musikanlage aufgebaut, und ein Buffet.

»Abflug!«, sagte ich. »Wir fahren zurück in die Stadt.«

»Auf gar keinen Fall«, sagten die anderen. »Eric feiert Platzreife.«

»Wer ist Eric?«

Sie zeigten auf den Mann, der die Musikanlage aufbaute. Ein korpulenter Typ mit weißem Haarkranz. Er winkte uns zu. Die Platzreife sei so eine Art Taufe für Golfspieler, sagten die anderen. Ich dachte: Wenn ein alter Mann in einem Golfclub eine Musikanlage aufbaut, um seine späte »Platzreife« zu feiern, dann ist doch der natürliche Reflex: Flucht! Was war los mit unseren Reflexen? Ich aß noch ein Stück Torte.

Die Party begann zu früher Stunde. Um 18.30 Uhr. Der Clubsaal füllte sich auf einen Schlag mit Golf-Senioren. Sofort wurde losgegessen, losgetrunken, losgetanzt. Kein Erst-mal-Ankommen, stundenlanges Eingrooven, ewiges Abchecken, wie ich es aus juvenilen Clubs kannte. Überhaupt, das merkte ich nun, war 18.30 Uhr eine wunderbare Partyzeit. Wie oft hatte ich früher versucht, bis Mitternacht durchzuhalten, um in einen Club zu gehen, der gerade erst öffnete, um dann dort weiter zu warten, bis gegen zwei oder drei Uhr die Party endlich in Gang kam.

Das Allerschönste aber war dieses Gefühl – plötzlich der Jüngste zu sein. Am Rand stehend, betrachtete ich die tobende Seniorenmasse, ein Meer aus Silber. Stefan und Matthias tanzten mit zwei Golf-Ladys. Mirco sprach angeregt mit der Dame aus dem Golfshop. Über das 9er-Eisen? Dann wurde ich plötzlich aufgefordert, von einer Frau, deren Alter ich nur ahnen konnte. Mein Gott, wann hatte ich das letzte Mal so viel Begehren gespürt? So viel dankbare Aufmerksamkeit? Für meinen Körper, meine Tanzschritte, meine schlichte Existenz. Es war magisch! Am Abend zuvor, an der Tür des La Rocca, war ich noch der Typ von der Resterampe. Hier fühlte ich mich wie Richard Gere in *American Gigolo*. Ich dachte: Wenn ein mittelalter Mann mal in einen Jungbrunnen steigen möchte: Ab zum Golfclub!

Gegen 21.45 Uhr gingen wir als Letzte. Euphorisiert, betrunken, müde getanzt. Die Stadt (okay, der Stadtrand) hatte gebrannt, keine Frage.

Am Sonntagmorgen schlief ich lange. Als ich aufwachte, fand ich einen Zettel: »Sind schon im Golfclub.« Wir verbrachten unseren letzten Tag mit Durchschwingen, Birdie, Bogey, Torte. Und buchten bei Anton einen »Platzreife-Kurs« für den Herbst.

Auf dem Rückflug waren wir alle sehr still. Langsam wurde uns die Tragweite dieser drei Tage bewusst. Wir waren aufgebrochen als abenteuersuchende Männerreisende. Und kamen zurück als Golfer. Wir tranken noch mal ordentlich Jägermeister, um zu Hause zumindest eine würdige Männerreise-Fahne nachweisen zu können. Zum Abschied am Flughafen schauten wir uns tief in die Augen und schworen uns, die Angelegenheit absolut vertraulich zu behandeln: »Was auf dem Golfplatz passiert ist, bleibt auf dem Golfplatz!«

Dann zerstob das Wolfsrudel in alle Winde.

Eine Prise Verlangen, ein Esslöffel Wahnsinn

Als ich meine Frau fragte, was sie sich zu unserem zwanzigsten Hochzeitstag wünsche, sagte sie nach einigem Nachdenken: »Ach, schreibe mir doch mal wieder einen Liebesbrief.«

Interessant, dachte ich. Keine Reise, kein Candle-Light-Dinner im Sternerestaurant, kein neues Sofa. Nur einen Brief. Meine Frau neigte schon immer zur Bescheidenheit. Eine Eigenschaft, die im Liebesbrief unbedingt erwähnt werden sollte.

Was mich allerdings irritierte: Warum sagte meine Frau »mal wieder«? Hatte ich ihr jemals einen Liebesbrief geschrieben? Ich konnte mich nicht erinnern. Mir fiel nur der Zettel ein, den ich in der Schule mal der wunderschönen Angelika Malzahn überreicht hatte. »Willst du mit mir gehen? Ja/Nein/Vielleicht.« Mit viel Wohlwollen könnte man das als Liebensbrief bezeichnen. Aber einen Brief an meine Frau? Wozu? Wir wohnten doch immer zusammen. Gleichzeitig schien dieser ominöse Liebesbrief sie aber sehr beeindruckt zu haben – so sehr, dass sie nun auf eine Fortsetzung drängte. Das schmeichelte mir.

Aber es machte den Druck nicht gerade kleiner.

Wie auch die Tatsache, dass es sich ja um einen Jubiläumsliebesbrief handelte. Quasi historisch. Zwanzig Jahre! Fast ein

Vierteljahrhundert. In dieser Zeit war Lothar Matthäus vermutlich achtmal verheiratet.

An einem Samstag setzte ich mich an den Schreibtisch. Ich war allein zu Hause, die Wohnung ganz still, ich horchte in mich hinein. Ich wollte meiner Liebe nachspüren, sie in brennende Zeilen füllen, mit einer Prise Verlangen, einer Portion Schmerz und einem Esslöffel Wahnsinn abschmecken, eine Schleife aus Schwärmerei herumwickeln und dabei vor Rührung zerfließen.

Aber erst mal spürte ich: nichts. Außer meinen Rücken, der mir schon seit Tagen wehtat. Ich dachte: Okay, das ist völlig normal. Für so einen Liebesbrief muss man in Stimmung kommen.

Ich ging im Park spazieren. Der Duft der Blumen, der Gesang der Vögel, die jauchzende Kraft des Frühlings sollten mich inspirieren. Aber ich spürte nur: Verkrampfung. Ich muss locker werden, dachte ich. Offen! Mich von der Muse küssen lassen!

Ich ging ins Park-Café und trank ein Glas Weißwein. Sofort fühlte ich mich besser. Viel inspirierter, viel mehr im Rhythmus mit mir selbst. Hatte ich wirklich gedacht, ich könnte nüchtern einen Liebesbrief schreiben? In all den Theaterstücken, Opern und Romanen trinken die Helden doch erst mal ein, zwei, drei Fläschchen, bevor sie ihre große Liebe besingen.

Ich trank weiter. Immer weiter. Notierte ein paar Sätze, spürte, wie ich ganz tief in mich eintauchte. Vielleicht zu tief. Als ich Schwierigkeiten hatte, mich an den Namen meiner Frau zu erinnern, wankte ich nach Hause und beschloss, mein Werk am nächsten Tag fortzuführen.

Am Sonntag, dem zweiten Liebesbrieftag, schaltete ich morgens den Computer ein und wollte gerade loslegen, als mir einfiel, dass ein Liebesbrief natürlich handgeschrieben sein muss. Logisch. Leider habe ich eine grausame Handschrift. Völlig unleserlich. Sogar für mich. Na gut, dann gibst du dir eben ein bisschen Mühe mit der Schrift, dachte ich. Andererseits darf man sich beim Schreiben eines Liebesbriefes doch nicht wie ein Bürokrat auf das Schriftbild konzentrieren. Ein guter Liebesbrief muss im Rausch geschrieben werden. Im Sturm der Gefühle.

Ich beschloss, den Brief zunächst auf dem Computer zu tippen und ihn später mit der Hand abzuschreiben. Das verstieß zwar gegen das Liebesbriefe-Reinheitsgebot, aber ich musste jetzt in die Gänge kommen. Wie sollte mein Liebesbrief überhaupt beginnen? Ich schrieb: »Mein lieber Schatz.« Schatz? Extrem fantasielos, oder? Kosenamen-Fastfood. Früher hatte ich doch Dutzende liebevolle, einzigartige Kosenamen für meine Frau. Mein zartes Rehlein. Gut, das passte ja jetzt nicht mehr. Mein pralles Honigbrüstchen? Könnte heute sexistisch wirken. Meine kleine Rappelmaus? Erschien mir etwas zu leger für den Anlass. Andere Kosenamen waren meiner Erinnerung entfallen. Irgendwann hatten wir uns nur noch »Schatz« genannt. Vermutlich ist das der klassische Kosenamen-Abnutzungsprozess. Man beginnt mit Reh und Honig und endet beim öden Schatz. Wobei selbst das öde »Schatz« mit den Jahren seine liebevolle Tonalität verliert. Aus »Du fehlst mir, Schatz« wird immer öfter: »Bring den Mülleimer runter, Schatz!«

Ich ließ die Anrede erst mal weg. Viel wichtiger war ohnehin der erste Satz. Ich wollte gleich mit einem Donnerschlag beginnen. Also schrieb ich: »Du bist die Liebe meines Lebens!« Wow, das klang gut. Das hatte Kraft. Selbst ich war bewegt. Gleichzeitig spürte ich aber auch eine gewisse Schwere. So eine Endgültigkeit, wie man sie aus Nachrufen in der Zeitung kennt. Ich bin 48. Mein Leben ist doch noch nicht vorbei. Und ist es völlig auszuschließen, dass meiner Frau oder mir noch mal eine andere Liebe begegnet?

In letzter Zeit haben sich auffällig viele befreundete Paare getrennt. Anscheinend ist die Alterspubertät eine Art Todeszone für langjährige Beziehungen. Plötzlich ist da dieses Last-Exit-Gefühl: Wenn ich noch einmal etwas ändern will, noch einmal ausbrechen – dann jetzt. Bevor es zu spät ist!

Oft gingen die Frauen. Und dann saß ich mit frisch verlassenen, schockierten Ehemännern in der Kneipe. Wir tranken zu viel, und sie erzählten von ihren Beziehungen, die ihnen total stabil erschienen waren. Und das machte mir noch mehr Angst, weil mir ja auch meine Beziehung total stabil erscheint.

Ehrlich formuliert müsste mein erster Satz also lauten: »In den vergangenen zwanzig Jahren warst du die Liebe meines Lebens, und ich wäre hocherfreut, in Kenntnis der beunruhigenden Tatsache, dass es oft anders kommt, als man denkt, wenn du dich auch weiterhin dazu bereit erklären könntest, die Liebe meines Lebens zu sein, Schatz.«

Ja, das klang aufrichtig.

Und zum Davonlaufen.

Ich ließ den ersten Satz erst mal weg. Warum nicht direkt zum Punkt kommen? Ohne Umschweife. Wo versteckt sich denn die Botschaft eines Liebesbriefes? Im Mittelteil, ganz genau. Aber was war die Botschaft?

Ich würde meiner Frau gerne sagen, was ich für sie empfinde. Offen und ehrlich. Wie viel da noch immer ist, auch nach zwanzig Jahren. Es gibt keinen Menschen, der mir so vertraut ist. Der mich versteht, ohne große Worte. Der auch weiß, wann er mich besser in Ruhe lässt. Jemand, der stets zu mir hält. Der an mich glaubt, manchmal tröstet und vor allem: mir immer wieder verzeiht, meine Launen, Fehler und Dämlichkeiten. Und sogar über meine schlechten Witze lacht. Zusammengefasst in einem Satz könnte man sagen: Meine Frau ist mein bester Freund.

Schön, dachte ich.

Ach, du Scheiße!, dachte ich einen Moment später. Meine Frau ist mein bester Freund. Das klang irgendwie falsch. Müsste es nicht viel mehr sein? Ist es nicht ein ganz schlechtes Zeichen, wenn wir nicht mehr Liebende, sondern nur noch beste Freunde sind?

Auf den Schreck trank ich erst mal einen Schnaps. Und dann noch zwei weitere. Alkohol, der Sanitäter in der Not. Ich betrachtete das Foto auf meinem Schreibtisch. Meine Frau und ich im Ägypten-Urlaub 2015. Ich erinnerte mich vor allem an die vier Tage, die wir im Hotelzimmer gelegen hatten, niedergestreckt von einer Lebensmittelvergiftung. Wir kotzten um die Wette, hatten Magenkrämpfe, rannten ständig zur Toilette. Und dann gab es diesen kurzen Augenblick, vor der Toilettentür, meine Frau kam gerade heraus, ich wollte hinein, wir schauten uns an: zwei blasse, schwitzende Gestalten, in deren Eingeweiden ein Krieg tobte – und plötzlich fingen wir an zu lachen. Über uns, über die erbärmliche Lage. Ein richtiger Lachanfall. Dann ging ich wieder kotzen.

Jetzt dachte ich: eigentlich großartig. Jackpot. Eine Frau zu haben, mit der selbst das krampfartige Ausleeren des Mageninhalts seine freudvollen Seiten haben kann. Und plötzlich wusste ich, was ich in meinem Liebesbrief schreiben wollte.

»Mein Honigbrüstchen,
seit Tagen sitze ich nun schon hier und denke über unsere Liebe nach. Ich suche wie verrückt nach Worten, aber wenn ich dann endlich welche finde, wirken sie so klein, unglamourös, wenig romantisch, ohne Zauber. Du bist mein bester Freund. Meine Vertraute. Meine Gefährtin, mit der ich durchs Leben gehe.
Ich glaube, wenn man das nach zwanzig Jahren sagen kann, gehört man als Paar zu den absolut Glücklichen. Warum messen wir die Liebe immer nur an ihrem Anfang? An der Leidenschaft, der Magie der ersten Monate? Alle sagen: Die Flamme darf auf keinen Fall kleiner werden. Der

Sex darf auf keinen Fall schlechter werden. Die Spannung darf auf keinen Fall nachlassen. Was für ein Druck! Was für eine Überforderung.

Vielleicht gehen die meisten Beziehungen gar nicht daran kaputt, dass die Flamme kleiner wird, sondern daran, dass man das für ein Problem hält. Ich glaube, Liebe verändert sich mit den Jahren, entwickelt sich. Im besten Falle. Wir sehen immer nur, was weniger wird. Und selten, was mehr wird: Geborgenheit, Nähe, Verständnis, Herzensschönheit (und leider auch die Haare auf meinem Rücken). Ich spüre eine große Dankbarkeit: Dafür, dass wir uns gefunden haben. Und dafür, dass du noch immer da bist. Und hoffentlich ... für immer bleibst.

I and love and you.

PS: Kannst du meine Handschrift überhaupt lesen?
PPS: Was hältst du von einer Reise nach Ägypten?

Maxim Leo & Jochen Gutsch

Es ist nur eine Phase, Hase

Ein Trostbuch für
Alterspubertierende

Hardcover.
Auch als E-Book erhältlich.
www.ullstein-extra.de

Komisches aus dem Alltagswahnsinn der
Alterspubertierenden von dem preisgekrönten
Bestsellerduo Maxim Leo & Jochen Gutsch

»Als ich meine Frau kennenlernte, lebte ich in einem
winzigen Studentenzimmer, in dem ein Bett stand,
das sogar für mich allein zu schmal war. Ein Jahr lang
schliefen wir zusammen in diesem Bett, ohne uns im
Geringsten zu stören. … Heute sind wir zwei schlafge-
störte Alterspubertierende, liegen auf unserer riesigen
Latex-Matratze und träumen von einer Nacht, in der
wir uns nicht auf die Nerven gehen.«

»Gutsch und Leo schreiben schräg, komisch, ein bisschen
durchgeknallt, aber sehr wahrhaftig.«
Christine Westermann

ullstein extra